Michael Rasche

"Nun mache ich etwas Neues - merkt ihr es nicht?"

Michael Rasche

"Nun mache ich etwas Neues - merkt ihr es nicht?"

Predigten über ein heutiges Christentum

Fromm Verlag

Impressum/Imprint (nur für Deutschland/ only for Germany)
Bibliografische Information der Deutschen Nationalbibliothek: Die Deutsche Nationalbibliothek verzeichnet diese Publikation in der Deutschen Nationalbibliografie; detaillierte bibliografische Daten sind im Internet über http://dnb.d-nb.de abrufbar.

Coverbild: www.ingimage.com

Contact:
International Book Market Service Ltd., 17 Rue Meldrum, Beau Bassin, 1713-01 Mauritius
Website: www.bookmarketservice.com
Email: info@bookmarketservice.com

Gedruckt in: USA, UK, Deutschland. Dieses Buch wurde nicht in Mauritius produziert.

Imprint (only for USA, GB)
Bibliographic information published by the Deutsche Nationalbibliothek: The Deutsche Nationalbibliothek lists this publication in the Deutsche Nationalbibliografie; detailed bibliographic data are available in the Internet at http://dnb.d-nb.de.

Cover image: www.ingimage.com

Contact:
International Book Market Service Ltd., 17 Rue Meldrum, Beau Bassin, 1713-01 Mauritius
Website: www.bookmarketservice.com
Email: info@bookmarketservice.com

Printed in: U.S.A., U.K., Germany. This book was not produced in Mauritius.

ISBN: 978-3-8416-0081-3

„Nun mache ich etwas Neues – merkt ihr es nicht?“

(Jesaja 43,19)

Predigten in einem Buch abzudrucken, stellt in einem gewissen Sinne eine Grenzverletzung dar. Man kann sie begehen, aber man muss um sie wissen. Eine Rede ist ein mündlicher Vortrag; sie lebt durch die Stimme des Redners, durch seine Gestik, durch die Art und Weise, wie er sie den Zuhörern vorträgt. Auch wenn die Rede niedergeschrieben ist: sie zielt auf diesen Augenblick des mündlichen Vortrags, der in einer schriftlichen Veröffentlichung nicht einholbar ist. Eine Rede oder Predigt in einem Buch wiederzugeben, birgt die Gefahr, in einer Sprache verfasst zu sein, die der schriftlichen Veröffentlichung nicht angemessen erscheint. Was eine Rede auszeichnet: die hoffentlich einfache Sprache, kürzere Sätze, vielleicht auch inhaltliche Verkürzungen oder Zuspitzungen, dies alles verbietet sich eigentlich für eine nachträgliche schriftliche Fixierung. Dem könnte man mit einer umfassenden nachträglichen Bearbeitung begegnen, Satzbau und Sprache der Predigten an den in der Literatur gebräuchlichen Sprachgebrauch anpassen. Darauf habe ich verzichtet, in diesem Buch werden keine Essays oder Aufsätze wiedergegeben, sondern eben Reden und Predigten, die zu einem bestimmten Zeitpunkt an einem bestimmten Ort zu einem bestimmten Publikum gehalten wurden.

Die wiedergegebenen Predigten wurden im Laufe eines Jahrzehnts in verschiedenen Gemeinden im Ruhrgebiet gehalten. Das Ruhrgebiet ist eine Region, in der die Krise der Kirche um einiges deutlicher und offensichtlicher zutage tritt als in vielen anderen Regionen Deutschlands. Für die Lektüre der Predigten ist wichtig, um diese spannungsvolle Situation der Kirche im Ruhrgebiet zu wissen. Diese Situation ist sicher nicht auf das Ruhrgebiet begrenzt. Ob und wie stark das Ruhrgebiet in seiner großstädtischen Struktur Entwicklungen vorwegnimmt, die anderswo auch eintreten werden, vermag ich nicht zu beurteilen.
Diese Zusammenstellung der Predigten ist mit einem Zitat des Jesaja überschrieben: „Nun mache ich etwas Neues – merkt ihr es nicht?“ (Jes 43,19). Dieses Zitat beschreibt in treffender Weise das zentrale Motiv der Predigten in diesem Buch: Es geht darum, gerade in der aktuellen Krise des Glaubens und der Kirchlichkeit auf das zu schauen, was sich Neues entwickelt, die Gesellschaft nicht zu verteufeln, sondern in ihr Aufbrüche und ein geistiges Leben zu erkennen, das auch der Kirche und dem christlichen Glauben neue Impulse geben kann. Paradoxerweise finden sich gerade deshalb in den Predigten viele Bezüge in die

Vergangenheit. Oft ist hilfreich, auf die Entstehung bestimmter Dinge zu schauen, so werden sie verständlich und so geben sie uns die Möglichkeit, als heutige Menschen neue Wege zu finden.

Der Prophet Jesaja sprach in einer Situation des Volkes Israel, die der heutigen Situation der Kirchen in vielen Punkten ähnlich ist. Jesaja hat damals nach Wegen aus der Krise Ausschau gehalten, indem er den Menschen einen Gott vorstellte, der nicht nur in der Vergangenheit, sondern auch im Heute wirkt. Dieses Anliegen steht auch hinter den Predigten dieses Buches.

Michael Rasche

I. Festtage

Gott ist tot (Nietzsche)

Predigt Weihnachten 2005

Ein Marktplatz an einem sonnigen Vormittag. Der Platz ist gut gefüllt, eine große Menschenmenge schiebt sich zwischen den Ständen hin und her. Ein Mann taucht auf, offensichtlich sehr nervös, vielleicht sogar ein bisschen irre. Er fängt auf einmal an zu schreien und rennt über den Marktplatz. Immer wieder schreit er: „Ich suche Gott! Ich suche Gott!“ Die Menge guckt erstaunt, fängt dann an zu lachen. „Och, ist er denn verloren gegangen?“ „Hat er sich verlaufen?“ „Wo hat er sich denn versteckt, der Gott?“ Der Irre hält inne, durchbohrt die Menge mit seinen Blicken. Die Menge wird still, starrt ihn an, dann ruft er: „Wohin ist Gott? - Ich will es euch sagen: Wir haben ihn getötet. Ihr und ich. Wir sind seine Mörder.“

„Wie haben wir das gemacht?“, fragt er weiter und dann schießen die Sätze wie Pfeile aus seinem Mund, seine Stimme überschlägt sich: „Wie konnten wir das Meer austrinken? Wer gab uns den Schwamm, um den Horizont wegzuwischen? Was taten wir, als wir die Erde von der Sonne losgekettet haben? Wohin bewegen wir uns? Stürzen wir nicht fortwährend? Rückwärts, seitwärts, vorwärts, von allen Seiten? Irren wir nicht durch ein unendliches Nichts? Kommt nicht immerfort die Nacht und danach noch mehr Nacht?“ Die Menge schweigt, ist wie gelähmt. „Gott ist tot!“ schreit der Irre noch einmal.

Für Weihnachten eine vielleicht etwas ungewöhnliche Geschichte, diese Erzählung Nietzsches, etwas skurril wahrscheinlich. Aber: diese Erzählung - oder besser: das Geschrei dieses Irren auf dem Marktplatz - kann uns zum Kern dessen bringen, was wir hier heute machen, zum Kern dessen, woran wir eigentlich glauben.

Wir reden viel von der Krise in der Kirche, von leeren Kirchen, von Priestermangel, von Finanzschwierigkeiten. Unser Hauptproblem, unsere wirkliche Krise, mit der alles andere zusammenhängt: das, woran wir eigentlich glauben! Wir haben ein Problem mit Gott!

Wir haben ein Problem mit einem Gott, den wir irgendwie nicht wahrnehmen können. Wir haben ein Problem mit Gott, der irgendwie nichts macht, den keiner sieht, von dem keiner etwas hört. Wir haben ein Problem mit einem Gott, der immer mehr aus unserem Leben verschwindet.

Das ist ja das Schlimme: Der Irre auf dem Marktplatz hatte Recht! Gott ist tot. Und wir haben ihn getötet. Das ist unser Problem. Gut, vielleicht glauben wir ja sogar noch, dass es so etwas wie Gott gibt. Irgendwo. Aber was heißt das? Wo nehmen wir etwas von diesem Gott wahr? Wo rechnen wir mit Gott?

Gott? Das ist Vergangenheit, der hat früher mal was gemacht, zur Zeiten der Bibel, oder bei irgendwelchen Heiligen im Mittelalter. Aber heute? Gott ist irgendwie weg. Diesen Tod Gottes hat der moderne Mensch nicht ohne Verluste überstanden. Der Tod Gottes reißt große Lücken, Lücken, die Nietzsche wahrgenommen hat: der Mensch, der das Meer ausgetrunken hat, der mit einem Schwamm den Horizont wegwischen konnte, der die Erde von der Sonne losgekettet hat, der Mensch, der alles konnte: er taumelt, ohne zu wissen wohin. Und dieses Taumeln hatte gerade im letzten Jahrhundert verheerende Konsequenzen.

Gott ist tot. Und wir haben ihn getötet. Das Wort vom Tod oder vom Töten Gottes ist hart. Vielleicht muss man aber dieses brutalste aller Wörter benutzen, um deutlich zu machen, wie vernichtend für uns Menschen dieser Verlust Gottes ist.

Heute Nacht feiern wir nicht den Tod, sondern eine Geburt Gottes. Und genau das muss wieder Realität werden: Gott muss für uns, für die Menschen heute, neu geboren werden. Gott muss von neuem in unsere Welt kommen, oder besser: wir müssen diesen Gott in unserer Welt neu entdecken. Wir müssen Gott wieder neu freilegen, neue Wege suchen, etwas von Gott zu erfahren. Dafür gibt es keine Patentrezepte, dafür gibt es nicht *die* Lösung, aber es gibt eine wichtige Grundvoraussetzung, eine wichtige Basis: Wenn wir wollen, dass Gott für uns lebendig wird, wieder lebendig wird, müssen wir uns endlich wieder daran stören, dass er tot ist. Wir müssen uns wieder daran stören, dass wir von diesem Gott nicht mehr viel wahrnehmen. Die Botschaft dieser Nacht: Gott will zu uns! Wann machen wir mal wieder deutlich, dass *wir zu ihm* wollen? Dass wir etwas von ihm wahrnehmen wollen?

Nietzsche hat sehr drastisch gesehen, wie die Menschen Gott aus den Augen verloren haben. Vor allem deshalb ist Kirche in der Krise. Die Kirche ist aber auch in der Krise, weil sie selbst Gott zu sehr aus den Augen verloren hat. Ich frage Sie: Wo macht denn Kirche deutlich, dass sie nicht nur Nachlassverwalterin einer 2000 Jahre alten Sache ist, sondern einen heute lebendigen und aktiven Gott verkünden muss? Wo macht denn Kirche deutlich, dass die Geschichte Gottes mit uns Menschen nicht vor 2000 Jahren endete, sondern dass diese

Geschichte Gottes mit den Menschen, dieses Handeln Gottes an uns, auch heute noch weiter geht?

Kirche, wir als Christen, wir brauchen ein neues Weihnachten, eine neue Geburt Gottes in unserer Welt, wir müssen wieder von dem Bewusstsein bestimmt werden, dass Gott lebt, dass Gott handelt, dass Gott dasjenige ist, das diese Welt zusammenhält. Gott muss wieder zum Leben erweckt werden, oder besser: Gott muss wieder in unserem Leben erweckt werden.
Gott ist tot. Das darf nicht die Botschaft unseres Lebens sein. Die Botschaft unseres Lebens muss lauten: Gott lebt, in uns und mit uns. Dann haben wir nicht nur heute Weihnachten.

Paul Potts

Predigt Weihnachten 2007

Liebe Gemeinde, sagt Ihnen der Name Paul Potts etwas? Einen besonders schönen Klang hat dieser Name nicht, gebe ich gerne zu. Die meisten von Ihnen, gerade die Jüngeren, werden ja die Sendung kennen, „Deutschland sucht den Superstar“, eine Casting-Show. Mehr oder meistens weniger talentierte junge Künstler singen einer Jury etwas vor und wenn sie Glück haben und Jury und Publikum mitziehen, kommen sie bis zur Endrunde, wo Geld und Verträge winken. Die Jury besteht hier in Deutschland aus Dieter Bohlen und zwei anderen Leidensgenossen, die angesichts der Vorstellungen vor ihnen schon mal leicht die Nerven verlieren. Eine derartige Show gibt es auch in Großbritannien. Folgendes spielte sich dort im letzten Sommer ab: In der ersten Runde dieser Show kommt ein Mann auf die Bühne, er ist klein, dicklich, Ende 30, mit schiefen Zähnen, sein Name ist genauso schön wie er selber: Paul Potts. Er sieht nicht gut aus, er wirkt nervös: normalerweise das geborene Opfer der Jury. Die Jury fragt ihn: Paul, was willst du jetzt singen? Seine Antwort: Ich möchte Oper singen!

Es wird totenstill im Studio. Die Gesichter der drei Jury-Mitglieder wechseln zwischen Ekel und blankem Erstaunen! Die drei der Jury blicken sich vielsagend an, dann sagt einer unsicher: Äh, ja gut, dann leg’ mal los!
Und er legt los. Er singt „Nessun dorma“ von Puccini; und während er singt, passiert etwas: Das Publikum wird geradezu gefangen genommen von diesem Gesang; die Gesichter aller Zuschauer im Studio sprechen Bände: zuerst blankes Erstaunen, offene Münder, dann Tränen

und Dahinschmelzen. Donnernder Applaus am Schluss, ein neuer Star ist geboren, Paul Potts gewinnt den ganzen Wettbewerb.

Als ich vor ein paar Wochen erstmals die Aufnahmen dieser Sendung sah, kam ich aus dem Staunen nicht mehr raus. Klar, ist es immer faszinierend so ein modernes Aschenputtel zu sehen, wie einer aus dem Nichts ganz nach oben kommt. Was mich aber am meisten faszinierte: Da gewinnt jemand mit einer Opern-Arie! Diese Show ist normalerweise an Oberflächlichkeit nicht zu überbieten, und da gewinnt einer mit einer Oper!

Warum erzähle ich Ihnen von diesem Paul Potts? Weil wir als Christen und Kirche von diesem Paul Potts und seinem Auftritt lernen können. Weil dieser Auftritt von Paul Potts uns als Christen und Kirche neuen Mut machen kann.

Unsere heutige Gesellschaft ist schon von einer gewissen Oberflächlichkeit geprägt. Das ist auch nicht anders möglich, weil die Schnelligkeit ihr Hauptmerkmal ist. Unsere Gesellschaft wird immer schnelllebiger, sie rast immer schneller, Hektik und Zeitdruck, wohin man sieht. Diese Schnelligkeit hat Vorteile, gerade für die Wirtschaft. Es muss ja schnell produziert werden. Reaktionsfähigkeit und Flexibilität sind gefragt. Diese Schnelllebigkeit hat aber auch Nachteile, und zwar überall da, wo es um Dinge geht, die man eben nicht im Vorbeifliegen wahrnehmen kann, wo es darum geht, in die Tiefe zu blicken, wo Dinge Zeit brauchen, wo es darum geht, unter die Oberfläche zu sehen.

Für diese Dinge, für einen etwas intensiveren Blick auf die Welt, ist unsere heutige schnelllebige Gesellschaft erst einmal ein Hindernis. Aber dass jemand mit einer Opern-Arie so eine Show gewinnt, dass sich jemand mit einer schwierigen und sperrigen Sache gegen das Schnelle und Oberflächliche durchsetzt, das zeigt doch, wie sehr der Mensch doch eigentlich darauf angelegt ist, hinter die Dinge zu schauen, sich mit dem Oberflächlichen eben nicht zufrieden zu geben.

Unsere Kirchen werden leerer. Und warum?

Es fallen dann Sätze wie Spaßgesellschaft, die Menschen wollen sich mit so was nicht mehr beschäftigen, das ist denen zu anstrengend usw. Das ist Blödsinn. Und dieser Paul Potts hat es bewiesen. So ein Paul Potts, der fällt nicht vom Himmel. Der ist kein Zufall. Den kann es nur in dieser Show als Sieger geben, weil er etwas getroffen hat in den Menschen. Und genau das muss auch das Christentum wieder treffen, genau an diesem Punkt. Dieser Paul Potts beweist uns: Der Mensch will nicht nur Spaßgesellschaft. Der Mensch will in die Tiefe blicken. Der Mensch will mehr.

Wir als Christen leben aus der Überzeugung heraus, dass es etwas gibt, das über diese Welt hinausgeht, dass es etwas gibt, was größer ist als alles, was wir kennen, dass es etwas gibt, das der Grund dieser Welt ist. Das nennen wir Gott. Und sich mit Gott zu beschäftigen, ist nicht einfach, es ist sperrig, es ist unzugänglich. Aber es lohnt sich. Wir als Christen haben mit Gott die Möglichkeit, die Welt zu deuten, der Welt und uns einen Sinn zu geben, in die Tiefe zu blicken. Wir haben die Möglichkeit, unser Leben nach etwas zu gestalten, das mehr ist als diese Welt. Und das muss auch mal wieder rüberkommen.

Der Mensch sehnt sich nach Tiefe. Das ist das Ermutigende. Aber die findet er nicht mehr in unserer Kirche. Das ist das Entmutigende. Das sollte uns zu denken geben. Dieser zweitklassige britische Opernsänger, der hat den Punkt getroffen bei den Menschen. Den müssen wir auch wieder treffen, als Christen, als Kirche. Und dieser Sänger kann uns auch den Mut machen, dass das gar nicht so schwer ist.

Wir haben jetzt Weihnachten. Ein Fest, das trotz allem oberflächlichen Drumherum immer noch wie kein anderes diese Sehnsucht des Menschen bedient, diese Sehnsucht nach Tiefe, nach Geborgenheit, nach etwas Wertvollem. An Weihnachten feiern wir, dass Gott Mensch geworden ist. Das ist die größte und tiefste Aussage, die es über uns Menschen geben kann. Und wenn es uns gelingt, diese Aussage, dass Gott Mensch geworden ist, in uns, in unserer Tiefe zu entdecken, unserem eigenen Wesen auf die Spur zu kommen, dann brauchen wir vielleicht bald keinen britischen Sänger mehr, um einem neuen Horizont zu sehen. Wir haben ihn schon in uns.

Don Quijote

Predigt Weihnachten 2009

Südspanien, in einem Sommer vor langer Zeit. Zwei Reiter quälen sich durch die brütende Hitze. Beide machen einen etwas heruntergekommenen Eindruck. Der eine von ihnen sieht aus wie ein Ritter, seine Rüstung hat schon bessere Tage gesehen, sein altes Pferd ebenfalls. Aber trotzdem hält er tapfer die Lanze in die Höhe und strahlt eine gewisse Unbeirrbarkeit aus. Sie reiten über einen Hügel und sehen unten im Tal mehrere große Windmühlen. Der Ritter hält inne, schaut noch einmal hin und sagt aufgeregt zu seinem Gefährten: „Riesen!

Und gleich so viele! Ich werde sie töten!“ Der Gefährte, ein kleiner, dicklicher Mann, der auf einem Esel reitet: „Herr, das sind keine Riesen! Das sind Windmühlen, die sich im Wind drehen!“ Der Ritter winkt unwirsch ab: „Ich habe immer gewusst, dass du Angst hast. Darauf kann ich keine Rücksicht nehmen. Ich werde diese Riesen erschlagen!“ Sprach er und ritt in gestrecktem Galopp auf die Windmühlen zu.

Sie werden wahrscheinlich diese Szene mit den Windmühlen kennen aus dem berühmten Roman „Don Quijote“ von Miguel de Cervantes, um das Jahr 1600 geschrieben. In diesem Roman geht es um einen Menschen, der sich für einen Ritter hält. Er hatte sein ganzes Leben lang Rittersagen gelesen und irgendwann hielt er sich selbst für einen Ritter. Also zog er durch die Lande, brachte alles, was er sah und erlebte, in Verbindung mit Rittern und Rittersagen und ritt natürlich von einem Desaster in das andere, denn die Zeit der Ritter, die war längst vorbei. Don Quijote, der Ritter, dessen Zeit abgelaufen ist, der keine Chance hat, der gegen Windmühlen kämpft.

Ich erzähle Ihnen von Don Quijote, weil wir Don Quijote sind. Als Christen sind wir Don Quijote. Denn auch wir kämpfen gegen Windmühlen. Seit Jahren und Jahrzehnten werden die Kirchen leerer, viele Leute in den Gemeinden, viele Priester, viele Haupt- und Ehrenamtliche reißen sich seit Jahrzehnten ein Bein aus, wollen, dass die Kirchen wieder voller werden ... und? Männer und Frauen in unseren Gemeinden engagieren sich zum Beispiel als Firmkatechet, arbeiten mit Kindern, Jugendlichen zusammen, in der Hoffnung, dass vielleicht mal ein Jugendlicher wieder Interesse an Kirche und Gemeinde hat ... das Ergebnis? Es ist ein Kampf gegen Windmühlen. Die einen sagen: wir müssen etwas ändern! Die anderen sagen: wir haben schon zuviel geändert! Überall wird getan und überlegt und gemacht und entworfen und geplant...und? Es ist ein Kampf gegen Windmühlen.

Don Quijote lebte in einer Wahnvorstellung, er lebte in einer Vergangenheit, die längst vorbei war und erkannte nicht, dass sie vorbei war. Tun wir das vielleicht auch? Als Christen in einer Vergangenheit leben, die längst vorbei ist? Ist das, was heute in Kirche abläuft, nicht ein einziges Rückzugsgefecht? Sind wir nicht wie Don Quijote? Kämpfen wir da nicht auch für eine Sache, die eigentlich längst gelaufen ist?
Don Quijote glaubte, ein Ritter zu sein. Alles, was er um sich herum sah, hatte mit seinem Rittersein zu tun, alle Menschen, mit denen er sprach, alles war irgendwie Ritter. Mit der Zeit gerät alles immer mehr durcheinander, alles verschwimmt. Und irgendwann wird selbst für

den neutralen Beobachter unklar, was eigentlich erfunden ist und was Realität ist. Das Faszinierende an diesem Don Quijote: der stellt sich seine Welt vor … und seine Umwelt, die wird immer mehr so, wie er sich die vorstellt: die Umwelt, die Menschen, die ihn umgeben, die werden ritterlich. Er sieht die Welt mit den Augen eines Ritters, und die Welt wird immer mehr zu dem, was er sich vorstellt.

Wenn wir als Christen schon Don Quijote sind, dann auch richtig! Dieser Don Quijote, der hat an ein Ideal geglaubt. Die anderen haben ihn für verrückt gehalten, und er hat ja auch verrückte Sachen gemacht, aber er hat an ein Ideal geglaubt. Und die anderen merkten, dass dieses Ideal ein ganz hoher Wert ist. So ein Ideal haben wir auch als Christen. Auch wir werden als Christen ja nicht überall für voll genommen, und auch bei uns in Kirche passieren ja genug Sachen, bei denen man nur mit dem Kopf schütteln kann. Aber wir haben ein Ideal. Das Ideal eines Gottes, dessen Botschaft die Liebe ist. Das Ideal, dass jeder Mensch einen Wert und eine Würde hat. Vieles von dem, was Kirche macht, gehört vielleicht der Vergangenheit an, wie das Rittertum. Aber da steckt etwas hinter, was nicht der Vergangenheit angehört, was aktuell ist. Und darum muss es uns als Christen gehen. Weil dieses Ideal, an das wir glauben, unsere Welt verändert hat und auch heute verändert. Die Botschaft von der Liebe Gottes war sicherlich nie die vernünftigste Botschaft der Welt. Immer haben Menschen den Kopf geschüttelt, weil es naiv ist, an die Herrschaft der Liebe zu glauben, weil es naiv ist, an einen Gott zu glauben. Trotzdem hat dieser Glaube, hat dieses Ideal unsere Welt verändert. Und das kann es auch heute, wenn wir als Christen und Kirche deutlich machen, dass christlicher Glaube nicht darin besteht, über den eigenen Untergang und leere Kirchen zu jammern, sondern darin besteht, an etwas zu glauben.

Wir haben heute Weihnachten. Weihnachten ist das Fest der Ideale schlechthin, das Fest, von Frieden und Liebe, das Fest eines Gottes der Liebe. Don Quijote hat viele Schlachten und Kämpfe verloren. Aber sein Ideal hat gesiegt. Und sein Ideal hat seine Welt verändert.
Auch wir als Christen verlieren im Augenblick. Aber wenn wir an das glauben, was wir in dieser Nacht feiern, einen Gott der Liebe, dann wird sich auch unsere Welt verändern. Und dann haben wir nichts verloren, sondern viel gewonnen. Für uns und für unsere Welt.

Von Menschen und Göttern

Predigt Weihnachten 2010

Es ist eine der ganz großen Szenen unserer Weltgeschichte. Sie spielt im antiken Athen. Der Philosoph Sokrates ist zum Tode verurteilt, alle wissen, zu Unrecht. In der Nacht vor der Hinrichtung sorgen einflussreiche Freunde dafür, dass die Gefängnistore offen stehen und die Wächter mal kurz weg sind. Der Weg ist frei. Sokrates steht an seiner Zellentür, kann fliehen, sich vor dem sicheren Tod retten ... aber er bleibt. Er blickt noch mal kurz nach draußen, dann dreht er sich um und legt sich schlafen.
Wie hätten Sie entschieden? Und warum hat Sokrates *so* entschieden?

Genau darum, um eine solche Entscheidung, geht es in einem Film, der seit einigen Tagen in den deutschen Kinos läuft, der Film „Von Menschen und Göttern“, der schon einige Preise abgeräumt hat. Ein paar Mönche leben in einem kleinen, unbedeutenden Dorf in der Wüste Algeriens. Sie leben in Frieden mit den moslemischen Bewohnern, sie beten, leben ihr einfaches Leben. Aber dann kommt der Krieg, ein grausamer Bürgerkrieg. Die Front rückt immer näher und mit ihr auch die Islamisten. Es ist sicher: mit denen kommt der Tod. Die alles entscheidende Frage: Fliehen oder nicht Fliehen?
Sie ringen. Alle. Jeder mit sich. Und sie entscheiden sich zu bleiben. Am Abend vor ihrem sicheren Tod sitzen sie zusammen, feiern, halten ein letztes Abendmahl. Am Tag darauf wird ihr Kloster gestürmt, sie werden verschleppt, wenige Tage später findet man ihre Köpfe in der Wüste. Dieser Film beruht auf einer wahren Begebenheit, geschehen 1996 in Algerien. Die spannende Frage: Warum blieben die? Und was hat das mit uns heute an Weihnachten 2010 zu tun?

Wir blicken als Kirche und Christen auf ein Jahr zurück, das man eigentlich nur als Desaster bezeichnen kann. Die Austrittszahlen schießen auf Rekordniveau und angesichts dessen, was Kirche in diesem Jahr an Skandalen produziert hat: so ganz unverständlich ist es nicht. Wofür soll Kirche eigentlich stehen? Was könnte das Christentum heute noch in unserer Gesellschaft bewirken? Darauf kann uns vielleicht dieser Film eine Antwort geben – oder besser: die Mönche aus Algerien. Weil diese acht kleinen Mönche in diesem armseligen Dorf in Algerien einen Gegenpunkt setzen können, einen Gegenpunkt zu allem, was uns sonst in unserer Gesellschaft umgibt, einen Gegenpunkt zu allem, was wir uns normalerweise unter einem

gelungenen Leben vorstellen. Für uns als normal tickende Menschen ist es doch absolut unverständlich, dass die nicht abgehauen sind. Wir alle möchten doch ein glückliches Leben führen, gesund, mit ein bisschen Geld, mit einem guten Umfeld, vielleicht mit Familie, wie auch immer. Aber vor allem möchten wir leben. Auf diese Dinge richten wir unsere Freiheit, unser Streben aus. Und diese Mönche treten all das mit ihren Füßen, was eigentlich unser Leben ausmacht.
Am deutlichsten wird das in einer Szene, in der sich zwei Mönche über den Tod unterhalten, darüber, dass sie sterben werden, wenn sie bleiben. Man merkt dem einen Mönch an, dass er Angst hat. Der andere Mönch schaut ihn mit einer unglaublichen Ruhe an und sagt: „Ich fürchte den Tod nicht mehr, ich bin ein freier Mensch." Ich bin ein freier Mensch.
Das ist wahre Freiheit. Alles, wirklich alles aufs Spiel setzen, opfern zu können für etwas Größeres, für etwas, das in der Lage ist, alles andere in Frage zu stellen. Das ist wirkliche und wahre Freiheit - und das ist Menschsein. Der große Akt dieser Mönche bestand nicht darin, einfach in den Tod gelaufen zu sein. Der große Akt diese Mönche bestand darin, ein Ideal gefunden zu haben, in Gott ein Ideal gefunden zu haben, dem sie alles unterwerfen konnten, was sonst wichtig scheint. Das macht die Größe der Mönche aus, und diese unglaubliche Kraft macht den Menschen aus, unabhängig von allem christlichen Gehalt dieses Ideals der Mönche. Interessanterweise ist der Regisseur dieses Films bekennender Atheist; auch er hat gespürt, dass in diesem Bleiben der Mönche eine uns vielleicht unverständliche, aber trotzdem eine ganz große menschliche Tat liegt.

Es kommt für uns nicht darauf an, das zu 100% zu verstehen, was diese Mönche da gemacht haben. Wir müssen es noch nicht einmal toll finden. Aber wir können als Menschen und vor allem als Christen ganz viel davon lernen: nämlich lernen, dass unsere Welt, wie sie uns umgibt, unsere Gesellschaft, mit den Wünschen, die sie uns einredet, nicht alles ist, nicht alles sein muss. Und dass auch unser Leben unendlich viel gewinnen kann, wenn wir unser Leben nicht nur an diesen Wünschen ausrichten. Genau das muss Kirche rüberbringen: nicht den Leuten sagen, dass diese Welt böse und schlecht ist, und wir alle Sünder sind. Weil Kirche dann zu Recht kritisiert wird, wenn sie selbst als Sünder auffällt. Kirche soll diese Welt nicht schlecht machen, sondern einfach nur dafür stehen, dass es etwas Größeres als diese Welt gibt. Kirche soll deutlich machen, dass im Menschen etwas Größeres drin ist als wir Menschen normalerweise denken und leben. An Weihnachten feiern wir genau das, eine tiefe Einheit von Gott und Mensch, wir feiern, dass der Mensch nicht nur das ist, was er scheint, sondern mehr, größer.

Diese Mönche haben gezeigt - vor allem uns als Kirche und Christen - welche Kraft das Christentum heute noch haben kann, die Kraft, alles andere zu besiegen. Christus hat nichts anderes gemacht als diese Mönche: im Tod zu beweisen, dass es eine Sache gibt, die größer ist als das eigene Leben. Von dieser Kraft hat das Christentum vor 2000 Jahren gelebt und von dieser Kraft kann es auch heute leben.

Ich möchte die Predigt beenden mit den Sätzen, mit denen der Film über die Mönche beginnt, es sind Sätze aus dem Psalm 82:
„Ihr seid Götter, ihr alle seid Söhne des Höchsten.
Doch ihr werdet sterben wie die Menschen. Alle."
Brutal und ungeschminkt - das ist die Wahrheit über uns. Wir sind Menschen, sterbliche Menschen, aber wir haben etwas Größeres in uns, etwas, das alles andere besiegen kann. Und die Geburt dieses Größeren feiern wir heute an Weihnachten. Seine Größe – und unsere Größe, die uns diese Mönche gezeigt haben.

Steve Jobs
Weihnachten 2011

In jeder Generation der Menschheit gibt es vielleicht drei bis fünf Menschen, die das Leben der gesamten Menschheit verändern, so verändern, dass der Alltag von uns Menschen nie mehr so sein kann wie vorher. Von solchen Menschen gibt es nie sehr viele, es sind Erfinder, Entdecker, Politiker, vielleicht sogar Künstler oder Schriftsteller.
Ein solcher Mensch, der das Leben unserer modernen Welt unwiderruflich verändert hat, war der Amerikaner Steve Jobs, der Gründer von Firmen wie Apple oder Pixar, wohl *der* Mann, der den entscheidenden Durchbruch schaffte, dass der Computer Teil unseres Alltags geworden ist.
Steve Jobs verstarb vor einigen Wochen am 5. Oktober mit 56 Jahren an Krebs.
Vor ein paar Jahren, im Juni 2005, hielt Steve Jobs eine Rede vor den Absolventen der Stanford-Universität, eine der Elite-Hochschulen in den USA. Er hielt diese Rede am Anfang seines Kampfes gegen den Krebs, sie stellt – wenn man so will – sein Vermächtnis dar und war eine Rede, die für sehr großes Aufsehen gesorgt hat. Zu Recht. Ich halte sie für eine der ganz großen Reden, die in den letzten Jahren gehalten wurden, und vor allem auch für eine Rede, die uns als Christen und Kirche eine Menge mit auf den Weg gibt, wie wir heute mit

unserer Situation als Kirche umgehen sollen. Diese Rede besteht aus mehreren Geschichten aus seinem Leben, Geschichten, in denen er wichtige Entwicklungen in seinem Leben festgemacht hat. Von denen beschreibt er drei.

Zuerst: Zusammenhänge.

Steve Jobs' Leben hatte auf den ersten Blick sehr viel Verworrenes, sehr Vieles, was irgendwie nicht zusammenpasste und eigentlich nicht für eine erfolgreiche Karriere sprach. Mit viel Theater und großen Komplikationen war er als Säugling adoptiert worden, weil seine eigentlichen Eltern ihn nicht finanzieren konnten; er wurde zur Adoption freigegeben unter der Bedingung, dass die neuen Eltern ihm ein Hochschulstudium ermöglichen sollten. Mit großen Schwierigkeiten gelang dies dann auch, aber das Studium brach er trotzdem ab, es war nichts für ihn, auch, weil er wusste, unter welchen Opfern dieses Studium erst möglich geworden war. Er besuchte eine Weile noch Kurse, die ihn interessierten, lebte auf irgendeinem Dachboden und war froh, wenn er alle paar Tage eine warme Mahlzeit in einem Hare-Krishna-Tempel bekam.

Zusammenhänge.

Diese Phase des verwirrten Suchens war *die* Lernzeit seines Lebens und die Dinge, die erst einmal keinen Sinn ergaben, fügten sich dann doch noch. So besuchte er einen Kurs in Kalligraphie, plump gesagt: Schönschrift. Und hier lernte er, was Ästhetik ist, welche Wirkung Formen und Symbole haben. Die Computer, die er später rausbrauchte, waren die ersten, die nicht nur mit Buchstaben, sondern mit Symbolen arbeiteten.

Zusammenhänge. Dinge, die sinnlos und verworren scheinen, fügen sich irgendwann zusammen. Und man muss darauf vertrauen, dass sie sich zusammenfügen.

Das zweite nennt er Liebe und Verlust.

Mit 20 Jahren hatte er eine Firma gegründet, mit 30 Jahren machte diese Firma bereits Milliarden-Umsatz. Aber es kam zu Streit innerhalb der Führungsebene, er verlor diesen Streit und musste gehen – aus seiner eigenen Firma. Für viele Monate verfiel er in Depressionen, sein Lebenswerk war gescheitert, er wusste nicht mehr, was er tun sollte. Aber er merkte auch eines: er liebte seine Arbeit, er liebte, das, was er getan hatte – also tat er es weiter. Er gründete eine neue Firma, Pixar, die erste Firma, die einen computeranimierten Spielfilm produzierte. Und nach fünf Jahren war er wieder Chef von Apple.

Liebe und Verlust.

Das zu lieben, was man tut – und einen Verlust eben nicht hinzunehmen.

Das dritte und letzte, was er nennt: Tod.
Mit 17 Jahren habe er einen Satz gelesen: „Wenn man jeden Tag so lebt, als wäre es der letzte - wird man irgendwann recht haben.“ Der Tod, so Steve Jobs, macht das, was du tust, wichtig - und er zeigt dir auch, was unwichtig ist. Er berichtet von seinem Kampf gegen den Krebs, von der brutalen Diagnose, von der Hoffnung. Der Tod ist brutal, er zwingt dich, zu handeln, Altes aufzugeben und Neues zu wagen. Er kommt und bis dahin willst du dein Leben nutzen.

Diese Rede war die Rede eines Mannes, der sehr erfolgreich war, der zwar immer wieder Niederlagen erleiden musste, aber gerade aus diesen Niederlagen Dinge mitnehmen konnte, die ihn weiterbrachten. Eine sehr gute Rede für die Zuhörer damals, die am Anfang einer beruflichen Karriere stehen, wohl wissend, dass zu jeder großen Karriere nicht nur Können und Zähigkeit, sondern auch Glück und Zufall gehören. Ich habe Ihnen aber nicht von dieser Rede berichtet, damit Sie Ihre persönlichen und beruflichen Karrieren nach vorne bringen, sondern weil wir als Kirche Dinge aus dieser Rede ziehen können, vielleicht sogar *müssen*.

Die Zusammenhänge:
Wir erleben zurzeit eine sehr chaotische Phase in unserer Kirche.
Pfarreien werden gegründet, oder auch mal aufgelöst, vieles wird abgerissen, manches wird aufgebaut, ohne dass man das Gefühl hätte, dass dieses Neue wirklich trägt oder wirklich ein großer Plan dahinter stecken würde. Man lebt von der Hand in den Mund, schaut erstaunt auf das Chaos und startet den nächsten Versuch.
Zusammenhänge.
In dem, was zurzeit in Kirche passiert, einen roten Faden erkennen zu können, ist eigentlich hoffnungslos. Und trotzdem wird sich gerade in all diesen oft vergeblichen Versuchen etwas Neues entwickeln. Dieses Neue ist heute noch nicht sichtbar, man wird es nur im Nachhinein erkennen können - aber es ist da.
Das heißt für uns als normalsterbliche Christen in dieser Zeit mit einer gewissen Gelassenheit auf die aktuelle Entwicklung zu schauen und nicht den Kopf zu verlieren, weil bestimmte Dinge sich nun mal ändern. Das heißt aber auch für diejenigen, die in Kirche entscheiden, neue Entwicklungen zuzulassen und darauf zu vertrauen, dass sich aus Neuem und Altem die Kirche der Zukunft entwickeln wird.

Liebe und Verlust.

Steve Jobs hat das geliebt, was er getan hat. Er ging in dieser Tätigkeit auf und konnte deshalb den Verlust seiner Firma verschmerzen – und diesen Verlust deshalb ungeschehen machen. Er liebte, was er tat. Was lieben wir als Christen? Warum sind wir Christen? Oder warum wollen wir überhaupt Christen sein? Was hält uns in Kirche? Es geht nicht darum, alles in Kirche zu lieben und alles toll zu finden, was in Kirche geschieht. Es geht darum, trotz allem Schlechtem, trotz allem schwer Verständlichen, was in Kirche passiert, im Christentum, in der Botschaft des Christentums, etwas zu entdecken, von dem man sagt: dafür lohnt es sich! Das Christentum wird in diesem Land keine Zukunft haben, wenn wir als Christen nicht beantworten können, warum es Christentum geben soll. In Kirche sehen wir vieles verschwinden. Und vieles Neues sehen wir vielleicht skeptisch. Oder es geht uns nicht schnell genug. Immer geht es darum: Was ist das Ziel, das wir eigentlich im Christentum sehen? Was lieben wir, dass wir dafür auch kämpfen würden? Wofür würden wir uns einsetzen? Und wo können wir im Christentum dieses gewisse „Etwas" suchen?

Das Dritte: der Tod.

Steve Jobs hat aus seinem Wissen um den Tod, aus seinem Wissen um die Endlichkeit unseres Lebens die Kraft genommen, Dinge in seinem Leben zu ändern. Er wollte sich ändern, weil er wusste: Du lebst nicht ewig. Mach es! Einmal ganz unabhängig von der Frage nach dem ewigen Leben, ergibt sich auch für uns als Christen daraus eine Aufforderung. Nämlich nicht zu warten. Nicht darauf zu warten, dass es besser wird in Kirche. Nicht darauf zu warten, dass Kirche uns mal wieder passt. Nicht darauf zu warten, dass uns mal alles in Kirche gefällt. Nicht darauf zu warten, - sondern es zu machen. Auch unsere Zeit ist begrenzt, worauf warten?

Kirche erlebt zurzeit eine Umbruchphase, in der vieles kaputt geht und überhaupt noch nicht klar scheint, wie es mit Kirche als solcher weitergehen kann. Steve Jobs hat solche Phasen in seinem Leben genutzt und konnte deshalb Großes vollbringen. Das muss auch Kirche lernen. Und das müssen auch wir als Christen lernen. Diese Zeit zu nutzen, auch wenn sie verworren erscheint. Zu wissen, warum man Christ ist. Und das zu leben. Nicht zu warten, sondern zu machen.

Am Ende seiner Rede erzählte Steve Jobs von einem Buch, das er in seiner Jugend gelesen habe, es war DAS Buch seiner Generation, geschrieben von einem gewissen Stewart Brand in den 60ern. Auf der Rückseite des Buches war eine Landstrasse zu sehen, die zum Horizont geht, und unten standen die Worte: „Bleib hungrig! Bleib verrückt!“ Diese beiden Dinge werden uns als Christentum retten: Der Hunger nach Gott, der Hunger nach Sinn, der Hunger nach sinnerfülltem Leben … und eine ganze Menge an Verrücktheit, sich auf dieses Christentum einzulassen und in diesem Christentum das zu erkennen, wonach man hungert.

Ich wünsche Ihnen allen ein frohes und gesegnetes Weihnachtsfest. Wir feiern in dieser Nacht die Geburt Gottes. Und deshalb feiern wir auch immer irgendwie Geburt unserer Kirche, neues Leben unserer Kirche. Uns so wünsche ich Ihnen auch, dass Sie etwas vom inneren, geistigen Leben dieser Kirche in der nächsten Zeit spüren werden und auch an diesem geistigen Leben des Christentums mittragen. Und dazu wünsche ich Ihnen das nötige Maß an Hunger – und das nötige Maß an Verrücktheit. Bleiben Sie hungrig – bleiben Sie verrückt!

Mel Gibson: Die Passion Jesu Christi

Ostern 2004

In diesen Wochen läuft in den Kinos ein bestimmter Film, und wenn ich dieses Jahr in der Osterpredigt die Wörter „Kino“ und „Film“ in den Mund nehme, dann wissen vermutlich die meisten, wovon ich spreche: nämlich vom Film „Die Passion Jesu Christi“. Dieser Film hat in der ganzen Welt Schlagzeilen gemacht, vor allem aufgrund einer doch ziemlich extremen Brutalität, die eine Kreuzigung *noch* grausamer zeigt, als sie ohnehin schon war. Einmal abgesehen von einigen inhaltlichen Schwächen - die Frage, die überall diskutiert wird, lautet: Darf man die Kreuzigung Jesu als ein solches Gemetzel zeigen? Ist es erlaubt, einen solchen Tod realistisch darzustellen?

Während ich Ihnen diese Frage stelle, stehe ich einen halben Meter vor einem Bild Jesu, der brutal gekreuzigt wird und sterbend am Kreuz hängt. Und damit ist die Frage eigentlich schon beantwortet. Ein Kreuz wie das hinter mir: wir sehen es kaum noch. Wir sind daran gewöhnt. So ein Kreuz ist für uns selbstverständlich geworden. Und dieser Film, der zeigt, das so eine Abbildung nicht selbstverständlich ist; dieser Tod war eine grausame Tortur, an die man sich eigentlich gar nicht gewöhnen darf. Und wir als Christen glauben an einen Gott, der sich dieser grausamen Tortur unterworfen hat.

Man wirft diesem Film vor, dass er keine Hoffnung vermittelt, dass stundenlang ein Gemetzel gezeigt wird, aber das Thema Auferstehung so gut wie gar nicht vorkommt.
Ich frage Sie: Glauben Sie, dass auch nur ein einziger, der unter dem Kreuz Jesu stand, sei es Maria, Johannes oder wer auch immer, dass auch nur ein einziger von denen einen Funken Hoffnung auf die Auferstehung hatte, als er diesen Tod mit ansehen musste, einen Funken Hoffnung, dass dieses geschundene Stück Fleisch den Tod besiegen wird?
Nein, diejenigen, die diesen grausamen Tod Jesu gesehen haben, die haben in dem Augenblick an gar nichts mehr geglaubt. Und die Christen hatten an diesem Kreuz noch lange zu knacken. Es hat etwa 400 Jahre gedauert, bis der erste Christ in der Lage war, ein Bild von Christus am Kreuz zu malen, und einen am Kreuz wirklich leidenden Christus kannte man erst im Hochmittelalter. Die Christen konnten nicht verstehen, dass der Sohn Gottes derart hingerichtet wird.

Es bleibt die Frage, ob wir es heute verstehen können, diese Kreuzigung, diesen Tod. Denn aus der Diskussion über den Film kann ja eines ablesen: Dieses Kreuz ist noch lange nicht aufgearbeitet. Warum dieses Kreuz, warum dieser Tod?
Eine schnelle Antwort gibt es: er ist für unsere Sünden gestorben. Diese Antwort stellt allerdings mehr neue Fragen, als sie löst. Er ist für unsere Sünden gestorben: Jesu Tod als Sühne für unsere Sünden, als von Gott verlangtes Opfer. Abgesehen von einem etwas eigenwilligen Bild eines Gottvaters, der so etwas einfordert, steckt hinter dieser Deutung des Todes Jesu ja erst einmal das Bild, dass der Tod eine Folge der Sünde ist, dass die Menschen also vor der Sünde unsterblich waren. Und da gehen die Schwierigkeiten ja schon los. Also: warum überhaupt dieser grausame Tod am Kreuz? Warum so ein Tod, wenn alle damit Schwierigkeiten haben?

Der Franzose Charles de Foucauld hat in einer seiner Schriften etwas niedergeschrieben, das uns vielleicht bei der Einschätzung des Todes Jesu ein bisschen helfen kann. Er schrieb: *„Christus wurde gekreuzigt, weil ihn am Kreuz keiner mehr beneiden konnte.“*
Ordnen wir dies einmal ein. Schauen wir nicht nur auf die Kreuzigung, sondern auf die ganze Menschwerdung Gottes, um die Tragweite dieses Satzes zu begreifen: Gott wurde Mensch. Gott wurde Mensch und hat damit eine völlig neue Nähe zum Menschen hergestellt, er war auf Augenhöhe mit dem Menschen. Was wäre gewesen, wenn Christus als reicher und glücklicher Mann friedlich im Bett gestorben wäre? Welche Nähe hätte er dann zu einem

Menschen, der leidend ist, der todkrank ist? Was wäre das für eine Menschwerdung, wenn sie nur die Sonnenseiten des Lebens einbezieht?
Diese Menschwerdung Gottes hatte erst ihren Wert, ihre Sinnspitze in diesem schrecklichen Tod, nämlich dann, als Gott mit denen auf Augenhöhe war, die nur noch Leid und Tod vor sich haben, dann, als keiner mehr sagen konnte: dem geht es besser als mir, dann, als sogar der Elendste sagen konnte: er ist Mensch wie ich.
„Christus wurde gekreuzigt, weil ihn am Kreuz keiner mehr beneiden konnte." Wenn Gott Mensch wird, dann wird er ganz Mensch; dann auch ein Mensch, der nur noch Leid und Schmerz spürt, wenn Gott Mensch wird, dann ein Mensch, der ganz unten ist, so weit unten, dass keiner mehr mit ihm tauschen will. Gott ist Mensch geworden, bedingungslos, bis in die allerletzte Konsequenz hinein, ohne Abstriche. Und das sehen wir, wenn wir auf das Kreuz blicken, oder – wie in diesem Film – die Kreuzigung miterleben müssen. Gott hat an sich selbst das Schlimmste erfahren, das es für uns gibt: Schmerz und Tod. Er hat Schmerz und Tod nicht weggeblasen, nicht für immer vernichtet, wir sehen es ja jeden Tag. Aber er hat in diesem Tod und in seiner Auferstehung gezeigt, wer letztendlich siegen wird. Und das ist das Leben, das Leben, das Gott selbst ist, das Leben, das wir von ihm haben.

In dieser Nacht sehen wir einen elenden Menschen, der am Kreuz gestorben ist. Und trotzdem: Wir feiern den Sieg des Lebens über den Tod. Wir feiern den Sieg des Glücks über Unglück und Leid. Wir feiern, dass Gott gesiegt hat – in uns und für uns.

James Bond: Die Welt ist nicht genug

Ostern 2005

Ein alter, mittelalterlicher Turm am Bosporus. In der Ferne, am dämmrigen Horizont, ist Istanbul zu sehen. James Bond ist mal wieder gefangen. Er ist an einem Stuhl gefesselt, an einem Folterstuhl. Vor ihm Elektra, die reiche Millionenerbin, der jedes Mittel recht ist, ihre Macht zu vergrößern. Triumphierend blickt sie auf Bond runter, sagt zu ihm: „Du kannst mich nicht umbringen, du würdest mich zu sehr vermissen." „Ich würde dich niemals vermissen", antwortet Bond mit gewohnt stoischer Ruhe. Mit einem leichten Bedauern fährt sie fort: „Du hättest die ganze Welt haben können!" Bond schaut sie an: „Die Welt? - Die Welt ist nicht genug."

Wenn James Bond jemals ein Philosoph war, dann hier. Die Welt ist nicht genug. Ehrlich gesagt: Nichts anderes feiern wir hier in dieser Nacht. Das ist unsere Botschaft: Die Welt ist nicht genug. Das klingt nicht gerade bescheiden - soll es auch gar nicht sein.
Ich frage Sie: Wie armselig wäre das eigentlich, wenn wir glauben müssten, diese Welt hier wäre alles, wirklich alles! Wie armselig wäre das, oder besser: wie armselig wären wir! In dieser Nacht feiern wir, dass es mehr gibt als diese Welt. Wir feiern, dass es etwas gibt, das nicht von dieser Welt ist, dass es etwas gibt, das über alles hinausgeht, was wir kennen. In dieser Nacht feiern wir einen Gott, der größer ist, der mehr ist als alles, was für uns überhaupt denkbar ist.

Wenn wir wissen wollen, was wir eigentlich sind, wie wir unserem Leben einen Sinn geben können, dann ist diese Welt nicht genug. Die Welt darf für uns gar nicht genug sein. Die Welt kann für uns Menschen nicht genug sein.
Und das nehmen wir ja immer wieder wahr. Jeder Mensch stößt in seinem Leben auf Augenblicke, in denen er sich selbst in Frage stellt, in denen er massiv versucht, einen Sinn in seinem Leben zu entdecken. Sicher, solche grüblerischen Augenblicke kann man abwürgen, solche Fragen kann man übertünchen, aber das klappt nicht immer. Solche Versuche unternehmen wir besonders intensiv und radikal mit Blick auf unsere menschliche Sterblichkeit, mit Blick darauf, dass wir einmal nicht mehr sein werden. Wir spüren, dass wir diesen Sinn, diesen letzten Sinn, das letzte Ziel unseres Lebens in dem, was uns täglich umgibt, nicht finden können. Und genau das, unser Gespür dafür, dass die Welt irgendwie nicht genug sein kann, dass da noch etwas Anderes, etwas Größeres sein muss, genau dieses menschliche Gespür ist nicht ganz unwichtig für die Zukunft unserer Kirche. Hier liegt eine, wenn nicht sogar die einzige Chance von Kirche, die sie natürlich auch nutzen muss.
Lassen Sie es mich so sagen: Die Kirche ist heutzutage nicht in der Krise, weil die Menschen überhaupt nicht mehr religiös wären. Das ist es nicht. Kirche ist deshalb in der Krise, weil sie es nicht mehr schafft, diese Frage nach Gott, die im Menschen drin ist, so zu beantworten, dass der Mensch damit was anfangen kann. Kirche ist in der Krise, weil sie es nicht mehr schafft, Gott so zu verkünden, dass der heutige Mensch diesen Gott als die Antwort in seinem Leben erfasst. Jeder Mensch, ich wiederhole: jeder Mensch ist ein unausrottbar religiöses Wesen. Das müssen wir den Menschen nicht einreden, das ist im Menschen drin. Jeder Mensch, ob er will oder nicht, ob er es weiß oder nicht, ist auf Gott hingeordnet und wird immer wieder zu diesem Gott hingezogen, wird immer wieder auf diesen Gott gestoßen.

Und genau da muss Kirche - heißt: müssen wir als Christen - ansetzen. Nämlich indem wir deutlich machen, dass wir an etwas Größeres glauben, dass wir für etwas Größeres leben. Indem wir deutlich machen: Diese Suche nach Sinn, dieser Versuch eines jeden Menschen, sein eigenes Leben zu erklären, kann nur mit Gott gelingen, kann nur in dem Wissen gelingen, dass dieser Gott uns geschaffen hat und dass unser Leben letztlich auf diesen Gott hinzielt. Da berühren wir den Menschen in seinem Inneren, weil es da um die Frage seiner eigenen Existenz geht. Da geht es um alles. Da geht es nicht nur um Fragen in seinem Leben, da geht es um sein Leben als Ganzes.

Wie geschickt machen wir als Kirche deutlich, dass es um alles geht?

Ich frage Sie: Welchen Sinn hat es zum Beispiel, lang und breit zu erklären, warum Maria eine Jungfrau war oder warum der Papst unfehlbar ist, wenn die meisten Menschen erst einmal darum ringen müssen, dass es einen Gott gibt, und dass dieser Gott in ihrem Leben unglaublich wertvoll ist? Welchen Sinn hat es zum Beispiel, wenn in Kirche oben gegen unten und rechts gegen links kämpft, die eigentliche Frage des Menschen nach Gott und nach dem Sinn seines Lebens aber völlig vergessen wird?

In dieser Nacht feiern wir, dass es etwas gibt, das mehr ist als alles, mehr als die Welt, sogar mehr als der Tod. Und auf dieses Etwas, auf dieses „mehr als alles" müssen wir hinleben, als Kirche, als Christen, als Menschen. Wir können uns nur dann mit den Unzulänglichkeiten und mit dem Leid in unserer Welt abfinden, wenn wir wissen: Das ist nicht alles! Das ist nicht das Letzte! Wir können uns nur dann mit unserer eigenen Begrenztheit, auch mit unserer eigenen Sterblichkeit abfinden, wenn wir wissen: Das ist nicht alles! Das ist nicht das Letzte!

Und das muss wieder in unser Zentrum rücken: Gott ist mehr als alles. In diesem „mehr als alles" liegt unser Ursprung. In diesem „mehr als alles" liegt das Ziel unseres Lebens. Denn: Die Welt ist nicht genug!

Der Obelisk auf dem Petersplatz

Ostern 2009

Es ist das Jahr 65 n. Chr. Die römischen Soldaten ziehen Männer und Frauen, ja sogar Kinder in die Arena des Circus. Einige wehren sich, so gut es geht, andere sind merkwürdig passiv, stieren vor sich hin. Keiner weiß, ob sie sich nicht mehr wehren können oder es nicht mehr wollen. Sie sind Anhänger einer neuen Religion, sie sind Christen und sollen sterben. Die

Soldaten binden den ersten von ihnen, einen älteren Mann, an ein Holzkreuz. Der Mann blickt ängstlich um sich, auf die anderen, die ebenfalls angebunden werden, schließlich blickt er nach vorne, hält inne. Er sieht in der Mitte der Arena eine große, uralte, viereckige Säule aus Stein, einen Obelisken aus Ägypten, vom Kaiser vor wenigen Jahren im Circus aufgestellt. Der Mann schaut diesen Stein an, denkt an das Alter dieser Säule, an die Götter, für die sie im weit entfernten Ägypten errichtet wurde, denkt an den Christengott, betet zu ihm. Der alte Mann wird erst durch die Löwen aus den Gedanken gerissen, sie greifen ihn an. Das letzte, was dieser Alte sieht, bevor er das Bewusstsein verliert, ist diese uralte, steinerne Säule.

Dieser Obelisk steht heute auf dem Petersplatz in Rom. Er ist mittlerweile über 4000 Jahre alt; er kam im Jahre 40 nach Rom und wurde von Kaiser Caligula in einem neuen Circus aufgestellt. In genau diesem Circus wurden dann wenige Jahre später die ersten Christen hingerichtet, vielleicht war Petrus bei ihnen, man weiß es nicht. Dieser Circus war etwa dort, wo heute der Petersdom ist. Wenn der jetzige Papst morgens an seinem Schreibtisch sitzt, dann blickt er auf diesen Stein, auf diese Säule, auf die vielleicht Petrus selbst vor seinem Tod geblickt hat, auf die aber in jedem Fall viele Christen geblickt haben, die vor 2000 Jahren in Rom hingerichtet wurden. Dieser Stein, dieser Obelisk, auf den die Christen seit 2000 Jahren schauen, kann uns unglaublich viel über Kirche verraten, kann uns helfen, das zu verstehen, was zur Zeit in Kirche passiert.

Wenn man die ganzen kleinen und großen Konflikte, die zurzeit in Kirche ablaufen, zusammenfassen müsste, dann geht es um den Konflikt von Altem und Neuem. Oben gegen unten, konservativ gegen fortschrittlich, lateinische Messe gegen II. Vaticanum: Es ist überall der Konflikt von denen, die Altes bewahren wollen, und denen, die Neues einführen wollen. Einen neuen Höhepunkt dieses Konfliktes konnten wir vor ein paar Wochen bei den Pius-Brüdern sehen. Eine Gemeinschaft, die in radikaler Weise die kirchlichen Reformen der letzten Jahrzehnte ablehnt, sich gegen jede Art von Veränderung in Kirche zur Wehr setzt und die in Kirche ein Riesentheater ausgelöst hat. Von solchen kleineren Gemeinschaften abgesehen ist die Stimmung in Kirche, vor allem an der Basis, recht eindeutig: Reformen müssen her, Veränderungen, damit wir aus dieser Krise wieder rauskommen. Kirche soll und muss sich von alten Zöpfen verabschieden, sonst geht es weiter runter. Kirche muss modern sein.

Muss sie das?

Wir leben in einer Gesellschaft, in einer Kultur, die ganz wesentlich vom Fortschrittsdenken geprägt ist. Die Welt - und wir als Menschen mit ihr - befinden uns immer in einer Entwicklung: Die Welt schreitet voran, es gibt immer was Neues, und dieses Neue löst das Alte ab. Und das gilt eigentlich für alle Bereiche unseres Lebens. Das Neue übt eine große Faszination aus, denn das Neue ist Zukunft. Und der muss man sich stellen. Dieses Fortschrittsdenken ist der Lebensatem unserer Gesellschaft. Diesem Denken verdanken wir die wirtschaftliche Stärke unserer Gesellschaft, diesem Denken verdanken wir unglaubliche Erfolge in der Wissenschaft, ohne diese Lebenshaltung wäre der Mensch nie zum Mond gekommen. Wir glauben an den Fortschritt – und deshalb schreiten wir voran. Aber wohin eigentlich? Fortschritt? Wohin schreiten wir eigentlich voran? Wohin entwickelt sich unsere Gesellschaft? Wohin soll sich Kirche entwickeln?

Jetzt kommt der Obelisk vom Petersplatz ins Spiel. Der steht da. Seit 2000 Jahren schaut der auf uns Christen runter. Vor diesem Stein wurden die ersten Christen umgebracht, weil sie damals dasselbe glaubten wie wir heute. Es waren Christen wie wir. Dieser Obelisk auf dem Petersplatz hat eine Botschaft: die Botschaft von Geschichte, einer langen Geschichte. Die Botschaft von Tradition. Tradition heißt für uns normalerweise: da ist etwas Verstaubtes, etwas, das das Neue behindert. Tradition heißt aber erst einmal, dass wir als Christen nicht vom Himmel gefallen sind, sondern dass wir eine Geschichte haben, und dass wir als Christen und Kirche nur weiterleben können, wenn wir diese Geschichte weitergeben und diese Geschichte weitermachen.

2000 Jahre lang versuchen Menschen aus ihrem Glauben an Christus heraus ihr Leben zu gestalten. Wie arrogant oder wie dumm wären wir als Kirche, wenn wir all das über Bord werfen würden? Wie arrogant oder wie dumm wären wir als Christen, wenn wir nur das ernst nehmen, was heute ist? Kirche besteht nicht nur aus uns heute, Kirche besteht auch aus all denjenigen, die vor uns gewesen sind.

Diese Steinsäule auf dem Petersplatz ist eine sehr scharfe Anfrage an unser Fortschrittsdenken. Denn wir erfahren, dass es Dinge gibt, die nicht fortschreiten. Dass sich Kirche um eine Mitte dreht, die sie nicht aufgeben darf. Als Christen haben wir Wurzeln, Wurzeln in der Tiefe einer langen Geschichte, Wurzeln in dem, was die Menschen vor uns getan und gelebt haben. Und diese Wurzeln dürfen wir nicht kappen. Seit etwa 40 Jahren steckt Kirche in einer dicken Krise. Die einen sagen: alles muss sich ändern. Das ist Blödsinn. Die anderen sagen: nichts darf sich ändern. Das ist auch Blödsinn. Und genau dieser Streit zerreißt Kirche in den letzten Jahren, spaltet Kirche: der Krach zwischen denen, die alles verändern wollen und denen, die nichts ändern wollen.

Kirche muss sich ändern in ganz vielen Dingen, das ist gar keine Frage. Kirche muss sich auch anpassen an die heutige Zeit. Und diese Veränderungen sind in vielen Bereichen überfällig. Aber Kirche muss auch aufpassen, dass sie sich selbst nicht verleugnet. Dass sie sich selbst nicht auflöst, indem sie ihr Profil, ihre Geschichte aufgibt. Nicht alles Neue ist gut, weil es neu ist. Und nicht alles Alte ist schlecht, weil es alt ist. Die Schwierigkeit besteht nun für Kirche darin, immer neu herauszufinden, was eigentlich dieser Kern ist, der nicht aufgegeben werden darf. Welche Dinge dürfen oder sollen oder müssen sogar verändert werden – und welche nicht? Das ist ein ständiges Ausbalancieren, und wir stecken mittendrin. Da geht es jetzt nicht um einen Kompromisse, wie wir sie aus der Politik kennen. Sondern es geht um die Frage: Was ist eigentlich der Kern von Kirche, was macht Kirche aus und was dürfen wir nicht verändern? Und damit geht es automatisch auch um die Frage: Was müssen wir verändern, um diesen Kern, diese Mitte unseres Glaubens, in der heutigen Zeit vermitteln zu können?

Seit 2000 Jahren blickt der Obelisk auf dem Petersplatz auf die Christen hinab. In diesen 2000 Jahren hat es viele Veränderungen gegeben. Kirche ändert sich immer und Kirche muss sich auch immer ändern. Aber in diesen 2000 Jahren gab es auch einen roten Faden, oder mehrere sogar: Dinge, die sich durchziehen, Dinge, die immer präsent waren in Kirche, Dinge, die Kirche ihren Charakter und ihre Identität gegeben haben.

Wir haben jetzt das Jahr 2009. Wir feiern Ostern. Das tun Christen seit fast 2000 Jahren. In dieser Zeit, in diesen 2000 Jahren, haben die Christen immer anders gefeiert, aber trotzdem haben sie das Gleiche gefeiert. Und das gilt auch für Kirche als Ganze, für uns als Christen: die Veränderungen voranzutreiben, die anstehen, aber dabei nicht die Mitte zu vergessen, die uns erst zu Christen macht.

Das Opfer des Lammes

Gründonnerstag 2009

Der Ursprung unserer Abendmahls, unserer Messfeier, liegt im jüdischen Pascha-Mahl. Wie dieses Mahl entstanden ist, haben wir gerade im Buch Exodus gehört: Ein Lamm wird geschlachtet, die Türpfosten werden mit Blut bestrichen, und dann wird Gott, der Herr, die Erstgeborenen der Ägypter mit dem Tod bestrafen. Sie würden vielleicht etwas verstört dreinschauen, wenn ich jetzt hingehen würde, hier auf dem Altar ein Lamm schlachte, die

Türpfosten mit dem Blut bestreiche und für den Tod unserer Feinde bete. Warum wären Sie verstört? Weil dieser Ritus aus einer sehr gewalttätigen Zeit stammt, die längst überwunden ist.
Ist das so? Gibt es bei uns keine Gewalt mehr? Ist Gewalt überwunden? Wenn wir normalerweise an Gesellschaften denken, in denen Gewalt an der Tagesordnung ist, denken wir vielleicht eher an irgendwelche Völker in Asien oder Afrika. Aber bei uns?

Vorgestern, am Dienstag, in einem Gericht in Großbritannien. Zwei kleine Jungen von 10 und 11 Jahren sitzen in einem Gerichtssaal. Der Richter liest die Namen der beiden vor, sieht zu den beiden rüber. Die beiden Knirpse schauen mit großen Augen zum Richter, sie können kaum über das Geländer sehen, antworten wie in der Schule mit einem: „Yes, Sir!" Die beiden sind jetzt allerdings keine Zeugen, sondern Angeklagte: angeklagt, weil sie zwei Gleichaltrige fast zu Tode gefoltert haben. Die beiden Schwerverletzten, zwei Jungen von 9 und 11 Jahren, hatten Wunden am ganzen Körper von Messerstichen, Stockschlägen, brennenden Zigaretten und Pflastersteinen. Wir hier in Deutschland könnten den jugendlichen Amokläufer nennen, der vor ein paar Wochen in Baden-Württemberg auf Menschenjagd ging. Diese Fälle sind Extreme. Aber die Frage sei zumindest erlaubt, wie schmal eigentlich der Grad ist zwischen unserer ach so friedlichen Gesellschaft und der Gewalt, die unter ihr oder auch in ihr schlummert – und immer wieder hervorbricht.

Wie kam es, dass im 2. Weltkrieg aus Musiklehrern KZ-Aufseher wurden? Dass aus gebildeten Menschen Bestien wurden, die andere Menschen zu Tode quälten? Wie kam es, dass vor ein paar Jahren im Irak amerikanische Soldaten Kriegsgefangene in den Gefängnissen gefoltert haben?
Wahrscheinlich werden Sie von einem Experiment eines amerikanischen Wissenschaftlers gehört haben. Der wollte diesen Dingen auf die Spur kommen, teilte eine Gruppe von Studenten einer anderen Gruppe als Gefangene zu, lieferte sie den anderen völlig aus. Nach ein paar Tagen musste das Experiment abgebrochen werden, weil es zu sadistischen Quälereien kam, die nicht mehr in den Griff zu kriegen waren. Wie schmal ist der Grad, auf dem wir in unserer friedlichen Gesellschaft gehen? Und was schlummert da in uns Menschen unter dieser dünnen Decke von Zivilisation und Kultur?

Blenden wir zurück zum Ursprung des Pascha-Mahls. Es ist sehr blutig, sehr archaisch, urtümlich. Die Wurzeln dieses Festes liegen in einer längst vergangenen Zeit, viele

Jahrtausende zurück. Es war eine Zeit, in der es für die Menschen normal war, von Gewalt und Tod umgeben zu sein. Lassen Sie es mich sogar so formulieren: Diese Menschen hatten vielleicht einen realistischeren Blick auf die Welt als wir, vielleicht einen realistischeren Blick auf den Menschen. Es geht mir nicht darum, den Menschen als nur gewalttätig darzustellen oder Gewalt in unserer Gesellschaft damit zu entschuldigen, dass das Teil unserer Natur wäre. Aber die Frage sei erlaubt, ob wir da nicht zu oft etwas ausblenden, was in unserer Welt noch präsent ist, aber irgendwie nicht sein darf. Und das hat ja auch Auswirkungen auf unser Gottesbild.
Wir glauben an den Gott der Liebe. Und lehnen alle Bibelstellen ab, wo davon die Rede ist, dass Gott und Gewalt zusammengehören. Wir glauben an den Gott der Liebe und geraten in Schwierigkeiten, wo dieser liebende Gott anscheinend weit weg ist. Die Juden feierten Pascha, weil sie unter furchtbarer Gewalt gelitten haben und weil dieser Gott sie aus dieser Gewalt befreit hat. Und diese Befreiung war auch ein Akt der Gewalt. Die Befreiung, die wir als Christen feiern, war auch ein Akt der Gewalt. Es klingt vielleicht etwas plakativ: aber Christus ist nicht gestorben, als er mit Blumen um sich warf, sondern er ist brutal hingerichtet worden. Uns ist das vielleicht nicht immer bewusst, weil wir es zu oft hören, aber bei der Messe sprechen wir jedes Mal von Opfer, von Fleisch und von Blut.

Es geht nicht darum, Gewalt hinzunehmen, als etwas Menschlich-Natürliches zu akzeptieren. Im Gegenteil: es geht im Pascha-Mahl, in unserem Abendmahl, um Befreiung, um Befreiung auch von Gewalt. Begriffe wie Befreiung und Erlösung sind zu Phrasen geworden, zu leeren Aussagen, mit denen wir kaum noch etwas verbinden. Befreiung? Erlösung? Erlösung wovon? Kann das daran liegen, dass wir in unserer Gesellschaft die Dinge zu sehr ausblenden, von denen wir erlöst werden sollen? Gewalt ist da. Gewalt ist präsent, auch wenn wir sie ausblenden. Und Gott will davon erlösen. Der Tod ist da. Der Tod ist präsent, auch wenn wir ihn ausblenden. Und Gott will davon erlösen.

Der Mensch unserer Gesellschaft hat die große Fähigkeit entwickelt, die Dinge auszublenden, die nicht sein dürfen. Aber die eben trotzdem da sind. Leider da sind. Und wir als Christen wundern uns, dass das Wort „Erlösung“ immer weniger verstanden wird. Wir streichen all das, was nicht sein soll – und sind immer ohnmächtiger, wenn sie trotzdem auftauchen. Gott ist die Liebe. Keine Frage. Und diese Liebe soll auch unsere Welt regieren. Keine Frage. Aber das darf nicht dazu führen, alles auszublenden, das nicht in dieses Schema passt. Und ein Blick auf den Ursprung des Pascha-Mahls oder ein Blick auf die Kreuzigung Jesu, der kann

uns vielleicht dabei helfen, zu verstehen, dass Liebe Gottes, dass Erlösung in einer Welt geschieht, die erlöst werden muss.
Die Menschen jener Zeit haben bewusster als wir mit Gewalt und Tod leben müssen. Vielleicht wussten sie gerade deshalb genauer, was Erlösung bedeutet. Erlösung heißt nicht: ein Blumenteppich fällt runter auf diese Welt. Erlösung heißt: es gibt Hass und Gewalt in unserer Welt, in unserem Leben – ob wir es wollen oder nicht - und Gott wird uns davon befreien. Erlösung heißt: wir sind sterblich – ob wir es wollen oder nicht – und Gott wird unseren Tod besiegen.

Jeden Sonntag - und auch heute Abend – feiern wir das Mahl, in dem es um diese Erlösung geht. Weil wir als Christen glauben oder zumindest hoffen, dass es einen Gott gibt, für den Gewalt und Tod nicht das letzte Wort haben – auch wenn sie da sind. Diesen Spagat auszuhalten, das nennt man Glauben.

Der dreieine Gott

Dreifaltigkeitssonntag 2008

Augustinus, der um das Jahr 400 lebte, ist wohl einer der größten Theologen der Kirche, einer der größten christlichen Denker über Gott, die es überhaupt gegeben hat. Seine Bücher sind bis heute Pflichtlektüre in der Theologie, unter diesen Büchern findet sich auch ein Werk über die Dreifaltigkeit, das vielleicht das größte Werk ist, das über dieses Thema geschrieben wurde.
Eine mittelalterliche Legende berichtet folgendes: Augustinus sei am Strand entlanggeschritten und habe sich den Kopf zermartert über die Dreifaltigkeit. Wie die Dreifaltigkeit erklären? Wie die Dreifaltigkeit überhaupt verstehen? Augustinus geht auf und ab am Strand, wird immer unruhiger. Da sieht er ein kleines Kind. Dieses Kind hat in den Sand ein kleines Loch gegraben, geht immer wieder zum Meer, holt sich einen Eimer Wasser und schüttet das Wasser in dieses Loch hinein.
Augustinus schaut sich das eine Weile an und dann fragt er das Kind: „Was machst du da eigentlich?“ Das Kind schaut auf: „Ich schöpfe das ganze Meer aus und gieße es in dieses Loch hinein.“ Augustins lächelt: „Das ganze Meer? Glaubst du, dass dir das gelingen wird?“
Das Kind: „Eher, als dass es dir gelingen wird, die Dreifaltigkeit Gottes zu erfassen.“

Genau da liegt unser Problem mit der Dreifaltigkeit, mit dem dreieinen Gott. Wir sprechen immer wieder von diesem dreieinen Gott, aber verstehen? Erklären können? Schwierig. Die Christen hatten und haben immer noch ein riesiges Problem mit Gott, oder mit dem Sprechen über Gott: Da ist in den Schriften der Bibel immer wieder die Rede von einem Vater, von einem Sohn und ab und zu auch von einem Geist. Und diese drei gehören irgendwie zu Gott - oder sind Gott - oder haben zumindest was mit Gott zu tun. Aber wie genau das zu verstehen ist, wie genau diese drei zu Gott einzuordnen sind, darüber schweigt die Bibel. Sie spricht immer wieder von Vater, Sohn, Geist, aber wie genau das zu verstehen ist: keine Auskunft. Die Christen haben satte viereinhalb Jahrhunderte gebraucht, bis diese Sache von der Dreifaltigkeit endgültig formuliert wurde: dass dieser eine Gott in drei Personen existiert. Viereinhalb Jahrhunderte, in denen immer wieder Erklärungen versucht und verworfen wurden, in denen es neue Versuche gab, neue Konzilien, neue Verurteilungen, neue Kompromisse. Was blieb, ist die Sperrigkeit, die Undurchdringlichkeit dieses Themas, bis heute.

Und das kann auch gar nicht anders sein. Wie sollte es anders sein, wenn es um Gott geht? Wie soll es überhaupt möglich sein, über Gott definitive Aussagen zu treffen? Eher könnten wir versuchen, mit einem Eimerchen das Meer zu leeren. Nun gibt es ja nicht wenige Versuche: Viele versuchen diese Dreifaltigkeit mit Symbolen zu erklären. Sie kennen vielleicht die drei Kerzen, die zusammengehalten werden, drei Flammen und trotzdem nur eine Flamme; sehr beliebt sind auch Kleeblätter, oder Stiefmütterchen, drei Blätter oder drei Blüten und trotzdem nur eine Blume. Ist ja auch ganz nett, nur ehrlich gesagt: über Gott verrät uns das – nichts, aber auch gar nichts.

Was wissen wir eigentlich über Gott? Über Gott selbst? Nicht viel, eigentlich. Aber ein paar Dinge können wir schon über ihn sagen. Liebe zum Beispiel. Wenn es so etwas wie Gott gibt, dann verbinden wir mit diesem Gott die Aussage der Liebe. Wie soll man so was beschreiben? Es geht ja nicht um so etwas wie Verliebtheit Gottes, sondern um ein Grundgefühl, eine Grundeigenschaft, auf der alles andere aufbaut, um ein Grundgefühl in Gott, das dieser dem anderen entgegenbringt wird und das wir als Liebe bezeichnen. Und hieraus können wir vielleicht eine dunkle Ahnung davon kriegen, dass diese Dinge, wie Liebe, Gemeinschaft, Leben, die wir Gott zuschreiben, die Menschen bei Gott erfahren haben, dass diese Dinge nicht nur von Gott nach außen dringen, sondern auch in Gott selbst sind. Und damit gibt es in diesem einen Gott Verschiedenheiten, Liebe und Gemeinschaft sind ohne nicht denkbar.

Diese Verschiedenheiten in Gott, diese verschiedenen Wirkweisen Gottes, die werden eben als Vater, Sohn, Geist bezeichnet, wohl wissend, das es eigentlich keine Worte gibt, diese göttliche Wirklichkeit zu beschreiben.

Das Thema der Dreifaltigkeit ist sperrig, irgendwie unverständlich und trotzdem das wichtigste Thema für uns Christen. Denn es geht um Gott. Um Gott selbst. Um Gott allein. Wir werden gezwungen, über Gott selbst nachzudenken, darüber, wer oder was dieser Gott eigentlich ist. Wir müssen mal nicht nachdenken über die Strukturreformen der Gemeinden oder über den Zölibat oder über die Pille, sondern über Gott selbst. Das ist mühsam. Aber es ist notwendig. Gerade in diesen Zeiten, wo wir uns – gerade als Christen – mit Dingen rumschlagen, die eigentlich zweitrangig sind.

Augustinus ging am Strand entlang und dachte über Gott nach. Er kam nicht ans Ziel, aber er hat trotzdem unendlich viel von diesem Gott gesehen. Wir gehen auch am Strand entlang, aber wir bauen ganz viele kleine Burgen, wir beschäftigen uns mit tausend kleinen Dingen und merken dabei gar nicht, dass wir eigentlich nicht nur tausend kleine Themen haben, sondern ein Großes, das Größte: Gott. Den Gott, den wir nie ganz erfassen werden, aber der uns dennoch zumutet, dass wir es versuchen, dass wir es versuchen, Gott zu fassen, Gott zu begreifen, Gott irgendwie näher zu kommen. Wir werden dieses Meer mit den Eimerchen nicht leer kriegen. Aber jedes Eimerchen ist trotzdem Gold wert, denn jeder dieser Eimer bringt uns Gott näher.

Alle Heiligen

Allerheiligen 2008

Es ist Sonntag, der 13. Mai 609, Rom. Der Papst, Bonifaz IV., der Bischof von Rom, zieht in einer feierlichen Prozession durch die Stadt, vorbei an den vielen antiken Tempeln und Palästen, die von einer großen Vergangenheit künden, jetzt aber langsam zerfallen. Ziel der Prozession ist der perfekteste, der vollkommenste aller antiken Tempel, das Pantheon, ein riesiger Kuppelbau, damals, viele Jahrhunderte früher geweiht zur Ehre aller Götter. Der Papst zieht in diesen gigantischen Tempel und an diesem Tag hat er Großes vor: an diesem Tag wird aus dem Tempel, der allen Göttern geweiht war, eine Kirche, die allen Heiligen geweiht ist. Und er ordnet an, dass von nun an die Kirche auf der ganzen Welt jedes Jahr dieses Fest zu feiern hat, das Fest Allerheiligen.

Das ist jetzt etwa 1400 Jahre her. Es ist der Tag, den wir heute feiern, Allerheiligen. Mit ganzen vielen Dingen ist es so, dass sie im Laufe der Geschichte schwächer werden, dass der ursprüngliche Sinn eines Festes nicht unbedingt verfälscht, aber doch verwässert wird. Und deshalb ist es oft hilfreich, auf den Ursprung einer Sache zu schauen, um sie zu verstehen. Nichts anderes machen wir ja auch in jeder Messe. Wir hören Texte, die von den Ursprüngen des Christentums erzählen, damit wir unser Christentum heute immer wieder neu begreifen können. Und so machen wir es auch mit dem Fest Allerheiligen.
Es ist das Fest – wie der Name verrät – „Von allen Heiligen“, auch von den Heiligen, die jetzt nicht offiziell heilig gesprochen wurden, also von allen Menschen, die heilig und gottgemäß gelebt haben, und die nun bei Gott wohnen. Wie auch unsere verstorbenen Angehörigen, an die wir in diesen Tagen denken. Aber hinter diesem Fest steckt mehr als nur die Aussage: es gibt viele Menschen, die heilig leben! Es steckt mehr dahinter, und um hinter dieses „Mehr“ zu kommen, ist ein Blick auf den Ursprung dieses Festes hilfreich, und zwar ein Blick auf das Pantheon in Rom, in dem dieses Fest entstanden ist.

Das Pantheon in Rom war keinem konkreten Gott geweiht, sondern allen Göttern, der ganzen Götterwelt, die für die Menschen unfassbar war. Für die Römer und die Griechen wimmelte ja die ganze Welt von Göttern, und all diesen Göttern war der Tempel geweiht. Der Kuppelbau, dieses Abbild der Himmelskuppel, sollte zeigen, dass die ganze Welt göttlich ist, Ort von Göttern, und dass dieses Göttliche uns in der Welt entgegentritt, ob wir es wahrnehmen oder nicht. Der damalige Papst macht diesen Ort nun zu einer Kirche und weiht sie allen Heiligen. Dabei geht es um den gleichen Grundgedanken wie bei dem Tempel: Die ganze Welt, und in besonderer Weise jeder Mensch als Krone der Schöpfung, ist heilig, zur Heiligkeit bestimmt, zu einem Leben mit Gott. Dieses Heilige ist nicht greifbar, nicht fassbar, genauso wenig wie all diese antiken Götter. Dieses Heilige ist vielleicht nicht greifbar, aber es ist in jedem Menschen drin. Der Mensch ist von Gott geschaffen, und damit auch auf Gemeinschaft mit diesem Gott angelegt. Das Pantheon in Rom ist erbaut, um deutlich zu machen: das Göttliche ist überall, es wirkt überall in der Welt. Und mit dieser Aussage wurde es zur Kirche: das Göttliche wirkt in der Welt, in jedem Menschen. Und das ist auch der tiefe Sinn, der hinter dem Fest Allerheiligen steckt. Gott wirkt in jedem Menschen. Das kann man beziehen auf unser Leben nach dem Tod. Dass Gott im Menschen wirkt und den Tod besiegt. Das kann und muss man aber auch beziehen auf unser Leben hier auf der Erde: Gott wirkt in uns, es ist nicht fassbar und nicht greifbar, aber es ist präsent.

Vielleicht waren Sie schon in Rom im Pantheon. In dieser riesigen Kuppel oben ist eine Öffnung, sieben Meter im Durchmesser. Durch diese Öffnung dringt das einzige Licht in diesen großen Raum. Jedes Jahr an Pfingsten lässt man am Ende der Messe durch diese Öffnung Tausende und Abertausende Rosenblätter auf die Menschen herabregnen. Zur Erinnerung an die Herabkunft des Heiligen Geistes. Gerade in diesem Gebäude wird damit noch einmal die Aussage deutlich, um die es für uns Christen an Pfingsten und an Allerheiligen geht: Dass Gott in uns Menschen wirkt. Dass Gott etwas mit uns Menschen macht. Dass Gott nicht irgendwo im Jenseits auf einer Wolke sitzt, sondern dass auch in uns etwas Göttliches, etwas Heiliges ist, zu dem wir berufen sind, das wir leben sollen.
Allerheiligen ist vielleicht das Fest des Menschen schlechthin, das Fest, bei dem es um die Heiligkeit, die Größe des Menschen geht, aber auch darum, dass unsere Heiligkeit, und unsere Größe letztlich die Größe Gottes ist, des Gottes, der uns geschaffen hat.

II. Thematische Predigten

Tod Papst Johannes Paul II.

20.000 Menschen pro Stunde, die am Leichnam des Papstes vorbeigehen, Tag und Nacht 20.000 Menschen pro Stunde. In den Medien wird spekuliert, dass womöglich 4 Millionen Menschen am nächsten Freitag an der Beerdigung des Papstes teilnehmen wollen. Das sind Zahlen, die über jede Vorstellungskraft hinausgehen, und es ist nur sehr schwer zu verstehen, was da in diesen Tagen in Rom eigentlich abläuft. Irgendwie scheint die ganze Welt den Atem anzuhalten angesichts der Ereignisse in Rom. Was passiert da gerade in Rom? Was war das Besondere an diesem Mann? Was hat diesem Mann, diesem alten, schwachen Mann, eine derartige Bedeutung gegeben, dass die ganze Welt innehält, wenn er stirbt?

Es war nicht seine Botschaft, es war nicht das, was er gelehrt und gepredigt hat. Wenn ich Sie jetzt fragen würde: Was hat er eigentlich Besonderes gesagt, oder was hat er Neues gesagt? … da würde wahrscheinlich nicht viel kommen. In all den Jahren hat er uns eigentlich nichts Sensationelles gesagt; vieles von dem, was er sagte, war teilweise sehr umstritten. Abgesehen davon, dass man sein Reden in den letzten zehn Jahren eigentlich kaum verstehen konnte. Es war auch nicht sein Tun, sein Reisen. Bloß weil der Papst alle möglichen Länder besucht hat, fahren jetzt nicht Millionen nach Rom. Und was hat der Papst sonst getan? Was wird genannt: Dialog mit anderen Religionen, Einfluss auf die Weltpolitik usw. All das erklärt immer noch nicht das, was da jetzt in Rom und in der ganzen Welt abläuft.
Ich glaube, wenn man die Bedeutung dieses Papstes einschätzen will, muss man nicht auf das schauen, was er gesagt oder getan hat, sondern auf das, was er war, auf das, was seine Existenz bestimmte. Er war ein Mensch, der wie nur ganz wenige Menschen überhaupt deutlich machte: Gott bestimmt mein Leben, und dieser Gott hat mich hierhin gestellt, damit ich die Botschaft dieses Gottes verkünde. Dieser Gott hat seine ganze Existenz, sein ganzes Leben bestimmt. Und diesen Gott hat er mit einer unglaublichen Kompromisslosigkeit und Zähigkeit verkündet.

Lassen Sie es mich auf die Spitze treiben: Es war überhaupt nicht so wichtig, was dieser Mann gesagt hat; wie gesagt: vieles von dem, was er da verkündet hat, ist sehr umstritten.

Was der genaue Inhalt seiner Botschaft war, spielte nur eine geringe Rolle; abgesehen davon, dass es für die modernen Medien zumindest nicht einfach ist, derartige Inhalte zu vermitteln. Es war fast egal, was er sagte: aber wenn man ihn sah, konnte man spüren, fast schon körperlich spüren, warum er das sagte, aus welchem Antrieb er da vorne stand, welche Motivation sein ganzes Dasein, seine ganze Existenz bestimmte.
In den ersten Jahren seiner Amtszeit war der Papst jung und dynamisch und damit ganz anders als seine Vorgänger; und er war beliebt, weil er jung und dynamisch war. Aber ich glaube: erst in den letzten Jahren, in den Jahren, in denen es mit ihm körperlich bergab ging, hatte er diese unglaubliche Autorität in der Welt, diese Größe, die aus ihm eine Person von historischer Bedeutung gemacht hat. Wenn ein Mensch das bisschen Kraft, das er noch hat, zusammennimmt, um die Botschaft Gottes zu verkünden, wenn einem Menschen egal ist, dass diese ganze Welt sieht, wie er zittert, und er trotzdem die Botschaft dieses Gottes verkündet, dann vermittelt er mit einer ungeheuren, mit einer geradezu brutalen Klarheit: Dieser Gott, für den ich das hier mache, für den ich hier leide, dieser Gott, ist das wichtigste, was ein Mensch in seinem Leben haben kann. Dieser Gott ist alles im Leben, das machte dieser Papst deutlich.

Wenn man den Papst in den letzten Jahren gesehen hat, war das sicherlich kein schöner Anblick. Und wenn man ihn dann sah, dann kam natürlich der Gedanke hoch: Dieser alte, kranke Mann soll zurücktreten. Der soll sich und uns nicht weiter quälen und sich zurückziehen.
Dieser Papst war aber überhaupt nicht in der Lage sich zurückzuziehen; es war für ihn unmöglich, sich zurückzuziehen. Wenn ein Mensch derart von seiner Sendung, von seiner Mission überzeugt ist, dann kann er gar nicht zurücktreten. Und ihm Nachhinein betrachtet, war es richtig, dass er weitergemacht hat. Je kränker und schwächer er wurde, desto mehr wurde er zu einem lebendigen Symbol, zu einem lebendigen Mahnmal: wenn es um Gott geht, ist alles andere egal. Wenn es um Gott geht, ist egal, dass ich meinen Körper völlig ruiniere, wenn es um Gott geht, ist egal, dass ich wirklich das Allerletzte aus mir heraushole. Wenn man den Papst in seinem Stuhl sitzen sah, wie er zitterte, wie er sabberte, wie er versuchte, irgendwelche Worte herauszubringen, dann fragte sich keiner mehr: warum machst du das da eigentlich, für wen machst du das da? Da wusste jeder, dass er das nicht machte, um irgendwelche Umfragen zu gewinnen oder sympathisch rüberzukommen. Da wusste jeder: das macht er, weil der Gott, den er da verkündet, das einzige ist, das letzte ist, was zählt.

Der Höhepunkt seiner Amtszeit, seines Pontifikates, war nicht in dem Augenblick, in dem er durch das Brandenburger Tor schritt oder als er irgendwo eine Messe vor Millionen Menschen gehalten hat oder als der Ostblock zusammenbrach; meiner Meinung nach war der absolute Höhepunkt seines Pontifikates heute vor einer Woche, als der Papst sich am Mittwochmittag um zwölf Uhr das letzte Mal vor seinem Tod der Öffentlichkeit zeigte, und er versuchte, man muss sagen: versuchte!, die Menschenmenge auf dem Petersplatz zu segnen und man schon den Tod in seinem Gesicht sehen konnte. Als er todkrank und sterbend am Fenster saß, hatte sein Pontifikat den Höhepunkt erreicht, weil ein Mensch seine Sendung überhaupt nicht radikaler deutlich machen kann. Man kann überhaupt nicht glaub-würdiger machen: nur Gott zählt!
Nur Gott zählt. Das war sein Leben, das war sein Leiden, das war sein Sterben.

Ich möchte Ihnen jetzt am Schluss ein Lied vorlesen, ein Lied aus der Bibel, aus dem Buch Jesaja, es ist das vierte Lied vom Gottesknecht, niedergeschrieben vor 2500 Jahren, aber in geradezu erschreckender Weise aktuell geworden. Hören Sie diesen Text und sehen Sie den Papst, den alten Mann, wie er vor einer Menge auf seinem Stuhl sitzt.

„Seht, mein Knecht hat Erfolg; er wird groß sein und hoch erhaben. Viele haben sich über ihn entsetzt, so entstellt sah er aus, nicht mehr wie ein Mensch, seine Gestalt war nicht mehr die eines Menschen. Jetzt aber setzt er viele Völker in Staunen, Könige müssen vor ihm verstummen. Denn was man ihnen noch nie erzählt hat, das sehen sie nun; was sie niemals hörten, das erfahren sie jetzt.
Wer hat unserer Kunde geglaubt? Der Arm des Herrn - wem wurde er offenbar?
Vor seinen Augen wuchs er wie ein junger Spross. Er hatte keine schöne und edle Gestalt, so dass wir ihn anschauen mochten. Er sah nicht so aus, dass wir Gefallen fanden an ihm. Er wurde verachtet und von den Menschen gemieden, ein Mann voller Schmerzen, mit Krankheit vertraut. Doch der Herr fand Gefallen an seinem zerschlagenen Knecht, er rettete den, der sein Leben als Opfer hingab. Der Plan des Herrn wird durch ihn gelingen. Nachdem er so vieles ertrug, erblickt er das Licht." (Jes 52,13-53,3.10-11a)

... erblickt er das Licht. Beten wir darum, dass er nun in diesem Licht lebt und dass auch wir in unserem Leben und in unserem Sterben etwas von diesem Licht erfahren.

Selbstmord Robert Enke

Ein Ereignis der letzten Woche hat sehr viele Menschen in Deutschland bewegt, der Selbstmord des Fußball-Torhüters Robert Enke am frühen Dienstagabend. Zur Trauerfeier für Robert Enke werden 100.000 Menschen erwartet, 5 Fernsehsender werden live übertragen, es ist die größte öffentliche Trauerfeier hier in Deutschland seit Adenauer 1967. Solche Zahlen sind nur schwer verständlich. Zumal Robert Enke sicherlich ein bekannter Fußballer war, aber jetzt auch nicht zu den absoluten Superstars gehörte. Er war sicherlich bekannt und geschätzt, aber ein Liebling der Massen war er eigentlich nicht.

Aber er war eben Fußballer. Das macht die Sache etwas spezieller und erklärt das, was sich hier in den letzten Tagen in Deutschland abspielt. Der Fußball besitzt in unserer Gesellschaft eine sehr große Bedeutung. Die Fußballer leben vom Image, Helden zu sein, Kämpfer, die alles dafür geben, den Gegner zu besiegen und sich Ruhm und Ehre zu verschaffen. Umso härter schlägt es dann ein, wenn ein Fußballer Schwäche zeigt, wirkliche Schwäche, wenn der große Held unter Depressionen leidet. Wenn ein Fußballer, der das Image haben muss, stark zu sein, sich mit 32 Jahren vor einen Zug schmeißt und Frau und Kind zurücklässt, dann hinterlässt das tiefe Ratlosigkeit und Betroffenheit, mehr als bei anderen Menschen, die nicht derart von diesem Image der Stärke leben müssen.

In diesen Tagen wird viel spekuliert über die Ursachen, aber auch über die Folgen, die Konsequenzen dieses Selbstmords. Es wird gesagt: Wir müssen umdenken, gerade auch in Bezug auf die Fußballer, wir müssen auch die Schwächen der Menschen zulassen, dürfen nicht immer nur auf die Stärken schauen, dürfen uns nicht nur auf die Stärken fixieren. Ganz klar muss die Fußballbranche mehr als zuvor auf das Innere ihrer Profis schauen, aber machen wir uns nichts vor: Da wird sich wesentlich nichts ändern, und zwar aus zwei Gründen. Zum einen: Fußball ist – wie jeder Sport – ein Wettkampf. Und ein Wettkampf lässt nie Schwächen zu. Und das zweite: Dieses Problem, dass Menschen nur ihre Stärke, aber nicht ihre Schwäche zeigen dürfen, gibt es doch nicht nur im Fußball! Als wäre es in unserer Gesellschaft normal oder akzeptiert, im Berufsleben oder in der Öffentlichkeit Schwäche zu zeigen!

Unsere Gesellschaft schaut auf die Gewinner, unsere Gesellschaft will Gewinner, nichts anderes. Und genau da liegt das Problem. Wir wollen doch keine Schwächlinge und Weicheier, wir wollen Siegertypen! Und das führt dummerweise dazu, dass es viele Verlierer gibt, dass viele Menschen an diesen hohen Ansprüchen scheitern und zerbrechen.

Zurzeit gibt es auf dem deutschen Büchermarkt über 2000 Bücher zum Thema Selbstbewusstsein, über 2000! Zum Thema Bescheidenheit gibt es übrigens 20 Bücher! Das zeigt schon an, in welche Richtung es geht: Sei stark, sei selbstbewusst! - Und wenn das nicht klappt?

Vor ein paar Tagen hatte ich in Essen einen Jugendgottesdienst. Das Thema: Selbstbewusstsein. Einige Wochen vor dem Gottesdienst erhielt ich den Auftrag, für den Gottesdienst eine Bibelstelle herauszusuchen, in der es um Selbstbewusstsein geht. Also eine Stelle, in der geschildert wird, wie ein Mensch zuerst völlig am Boden liegt und dann selbstbewusst wird, neue Kraft schöpfen kann. Ich habe gesucht und gesucht und jetzt das Spannende: so eine Stelle gibt es nicht in der Bibel! Es gibt in der Bibel nicht eine einzige Stelle, an der geschildert wird, wie ein Mensch, der schwach war, der am Boden war, aus sich selbst heraus neue Kraft und neuen Mut bekommen hat! Alle Stellen, an denen es um neue Kraft und neuen Mut für einen Menschen geht, sind Stellen, wo Gott dem Menschen diese Kraft gibt, nicht der Mensch selbst! *„Hoffe auf den Herrn und sei stark“ „Meine Stärke ist der Herr!“* usw.

Daraus können wir heute zwei wichtige Schlüsse ziehen: Einmal: Der Mensch ist aus sich heraus schwach. Jeder Mensch hat Fehler, Macken und Schwächen. Die muss man jetzt nicht alle pflegen, aber keiner ist perfekt. Jeder Mensch, wirklich jeder von uns kommt in seinem Leben in Situationen, in denen er alleine nicht mehr weiterkann, Situationen, aus denen er sich alleine nicht befreien kann. Die Schwäche des Menschen, die Schwäche von uns ist erst einmal kein Unglück, sondern der Normalfall. Das Zweite, das uns dieses Menschenbild der Bibel heute geben kann: Gott kann Kraft und Mut schenken. Das klingt erst einmal nach einer dummen Phrase: Wenn's dir schlecht geht, bete zu Gott, dann wird alles gut.

Aber Glaube an Gott verändert. Glaube an Gott verändert auch unser Selbstbild. Glaube an Gott ist immer auch Glaube an einen von Gott gewollten Menschen. Glaube an Gott ist immer auch Glaube an sich selbst. Glaube daran, dass jeder Mensch eine Würde hat, egal wie toll er ist. Glaube daran, dass jeder Mensch zu Recht selbstbewusst durchs Leben gehen darf.

Der Selbstmord von Robert Enke ist erst einmal sinnlos und grauenhaft. Und trotzdem kann er hoffentlich vielen Menschen die Augen dafür öffnen, dass ein Mensch immer ein Mensch ist, und dass die Schwächen eines Menschen immer zu ihm gehören, nicht nur die Stärken.

Augustinus

Das Christentum stammt von Jesus Christus. Das klingt jetzt wenig sensationell. Und trotzdem ist es nur die halbe Wahrheit. Das Christentum, wie wir es heute hier im westlichen Europa kennen, ist nicht nur von Christus gemacht, sondern das Ergebnis von 2000 Jahren Geschichte, wechselvoller Geschichte, in der es mal gute und mal schlechte Zeiten gab. Dieses westliche Christentum in seiner bestimmten Form und seiner bestimmten Mentalität ist vor allem das Produkt zweier Männer. Natürlich haben unzählige andere Menschen ebenfalls am Christentum mitgebaut. Aber ohne diese beiden würde das Christentum völlig anders aussehen. Der erste wäre wohl leicht zu erraten und ist auch aus der Bibel bekannt: es ist Paulus. Ohne Paulus wäre das Christentum eine kleine jüdische Sekte, er hat aus dem Christentum eine eigene Religion gemacht.

Der zweite Mann ist nicht ganz so bekannt; er lebte ein paar Hundert Jahre später, um das Jahr 400: es ist Augustinus. Dieser Augustins war Römer, Heide, wurde dann Christ und was er geschaffen hat, war eine völlig neue Einheit zwischen der damaligen Gesellschaft, der griechisch-römischen Kultur, und dem Christentum. Unsere heutige europäische Kultur ist nichts anderes als diese Einheit von griechisch-römischer Kultur auf der einen Seite und dem Christentum auf der anderen Seite, so entstand unser heutiges Europa, so entstand unsere Kultur und ein ganz großer Motor dieser Entstehung ist eben Augustinus, der aus diesen verschiedenen Grundlagen ein neues Gesamtsystem geschaffen hat. Wir stellen uns das im Nachhinein so vor, als habe der da an einem Schreibtisch gesessen, auf eine Eingebung gewartet und dann irgendetwas Intelligentes mit der Feder auf das Papier gekritzelt. Ganz so war es nicht. Es war so wie auch heute: die Leute hatten Fragen, sie merkten: unser Glaube als Christ und die Gesellschaft, das passt nicht immer zusammen. Was hat das für Konsequenzen für unseren Glauben? Für unser Menschenbild? Für unser Gottesbild? Was hat das für Konsequenzen für die Lehre der Kirche? Das sind unsere Fragen heute und genau die gleichen Fragen gab es damals auch.

Dieses Gedankengebäude des Augustinus war für Kirche und europäische Kultur gleichermaßen Fluch und Segen. Wir verdanken ihm einerseits das Bild eines Menschen in all seiner Individualität, ein Mensch, der auf völlig neue Weise auf sich und in sein Inneres blicken konnte; deswegen verdanken wir ihm aber beispielsweise auch eine Sexualethik, an der Kirche noch heute zu knacken hat, denn mit ihm wurde der Glaube daran, dass Sexualität an sich sündhaft ist, Teil der kirchlichen Lehre.

Warum erzähle ich Ihnen von diesem Mann, der jetzt 1600 Jahre tot ist? Nicht, um Ihnen zu erklären, wie unsere Kultur entstanden ist, so spannend das auch sein mag. Ich erzähle Ihnen davon, damit Sie vielleicht ein neues Gespür davon kriegen, wie Kirche tickt und wie Kirche sich weiterentwickelt. Normalerweise denken wir ja, Kirche beruht auf Christus und der Bibel. Das ist zwar richtig, aber so einfach ist es eben nicht. Kirche ist nicht nur Christus, Kirche ist nicht nur Bibel, sondern Kirche ist 2000jahrelange Beschäftigung mit Christus und der Bibel. Kirche hat sich immer weiterentwickelt; Menschen in Kirche haben immer nach Wegen gesucht, ihren Glauben an Christus zusammenzubringen mit ihrem persönlichen Denken und Erleben. Das gilt nicht nur für Paulus oder Augustinus, sondern für jeden Christen.

Wir erleben zurzeit eine Gesellschaft, in der das Christentum immer mehr verdunstet, immer geringer wird, eine immer geringere Strahlkraft hat. Und deshalb spüren wir immer stärker, dass da zwei Dinge sind – Gesellschaft und Christentum – die zurzeit nicht zusammenpassen, aber die doch eigentlich zusammenpassen müssten. Menschen wie dieser Augustinus, die haben diese beiden Dinge zusammengekriegt und nur deshalb konnte Christentum sich immer wieder erneuern und überleben. Und genau das ist Aufgabe von Kirche heute. Kirche besteht nicht nur aus dem Lesen der Bibel, sondern daraus, das, was in der Bibel drinsteht, in die jeweilige Zeit zu übersetzen und damit erst verständlich zu machen. Die Bibel ist und bleibt Maßstab für uns als Kirche, aber wie die Bibel gelesen und wie sie verstanden wird, das ändert sich doch, das ändert sich seit 2000 Jahren ständig.

Ich sagte bereits, dass dieser Augustinus sicherlich auch Dinge gelehrt hat, mit denen Kirche heute nicht glücklich sein kann. Aber der hat etwas Großartiges geschafft: er hat die Kultur der damaligen Zeit, das, wie die Gesellschaft, wie der Mensch damals tickte, in die Kirche hineingeholt und damit die Grundlage dafür gelegt, dass die gesamte Gesellschaft schließlich christlich werden konnte, dass das Christentum die neue Grundlage der Gesellschaft werden konnte. Und einen solchen Mut bräuchten wir als Kirche auch heute, den Mut, die heutige Kultur, den heutigen Menschen – wie er ist! - in der Kirche präsent zu machen und so eine neue Grundlage dafür zu legen, dass unsere Gesellschaft wieder christlicher werden kann.

Kirche heute hat zwei Möglichkeiten: sich abzuschotten gegenüber der Gesellschaft - und damit gegenüber den Menschen - und noch kleiner zu werden. Die andere Möglichkeit hat

Augustinus vor 1600 Jahren aufgezeigt. Die Folge dieses Mannes war eine christliche europäische Kultur. Das wäre auch ein Ziel für das Christentum heute.

Therese von Lisieux

„Ich sage euch jetzt alles. Wirklich alles. - Ich sage euch, wer ihr seid. Ich sage euch, was ihr eigentlich sollt. Ich sage euch, warum es euch überhaupt gibt. Und noch besser: ich sage euch sogar, wer oder was Gott ist."
Das sind große Töne, sehr große Töne. Wenn wir einen Menschen hören, der so etwas von sich gibt … die Bezeichnung „Angeber" wäre wohl noch die friedlichere.

Gerade im Evangelium haben wir Jesus gehört. Im Verhör mit Pilatus. Und in diesem Verhör sagt er einen Satz, in dem all diese Sätze von gerade drin sind, es ist der Satz: *„Ich bin dazu geboren und dazu in die Welt gekommen, dass ich für die Wahrheit Zeugnis ablege."*
Zeugnis für die Wahrheit. Wahrheit ist so ein Wort, mit dem wir uns vielleicht schwer tun. Wahrheit – irgendein abstrakter Begriff ohne Leben. Wahrheit heißt natürlich erst einmal: Ich sage einen Satz, der stimmt; dann ist das die Wahrheit. Aber die Wahrheit ist mehr, viel mehr. Die Wahrheit ist alles. Und Christus verkündet: Ich sage euch die Wahrheit. Ich sage euch alles!
Wenn wir das hören, - vielleicht fragen wir genauso erstaunt wie Pilatus: Wahrheit? Was ist das? Was willst du mir überhaupt sagen? Diese Frage des Pilatus, diese Frage nach der Wahrheit: sie ist doch heute nicht gelöst! Sie brodelt auch noch heute in jedem von uns. Oder kennen wir etwa die Wahrheit, unsere eigene Wahrheit? Wissen wir eigentlich wirklich, was genau wir sind oder wozu wir sind? Wissen wir eigentlich wirklich, was genau Gott ist?

Diese Frage des Pilatus nach der Wahrheit, der Wahrheit unseres Lebens: diese Frage war nicht naiv oder dumm, und sie ist auch heute nicht verschüttet, sie brodelt weiter in uns – in jedem von uns. Seitdem es Menschen überhaupt gibt, seitdem die Menschen von den Bäumen gestiegen sind, jagen sie dieser Frage nach, dieser Frage nach dem Sinn unseres Lebens, dieser Frage nach Gott. Das ist so bis heute. Diese Frage bleibt auch nach Jesus von Nazareth, auch nach vielen Menschen, die uns sicherlich bei dieser Frage helfen konnten. Ein Mensch, der das vielleicht – vielleicht – auch kann, ist Therese von Lisieux, um die es heute geht.

Diese Heilige hatte viel, sehr viel von der Wahrheit entdeckt. Es klingt sehr einfach: *„Gott zeigt mir die Wahrheit. Sehr deutlich fühle ich, dass alles von ihm kommt."*
Wenn wir die Wahrheit wahrnehmen wollen, unsere eigene Wahrheit, unsere eigene wahre Identität, dann gibt es nur einen Weg, so Therese von Lisieux: und der führt zu Gott. Wenn wir wissen wollen, wer wir sind, warum wir sind: dann können wir lange suchen, es gibt nur eine Antwort: die ist in Gott. In ihm erfahren wir Wahrheit, in ihm erfahren wir, was wir eigentlich sind. Diesem Gott ist Therese von Lisieux näher gekommen. Und sie war sich ihrer Sache sehr sicher: *„Wir werden nicht wie Pilatus fragen: Was ist Wahrheit? Wir besitzen die Wahrheit. Wir bewahren Jesus in unseren Herzen."* Nicht ein Hauch von Zweifel. Absolute Sicherheit im Glauben. Das zeichnet eine Heilige aus – kann man denken.

Dieselbe Frau, dieselbe Therese von Lisieux ein paar Monate später: *„Ich glaube nicht mehr an das ewige Leben – alles ist verschwunden."*
Und weiter: *„Meine Seele wurde von dichtester Finsternis überwältigt. Der Gedanke an den Himmel, mir von frühester Kindheit an so süß, wurde zum Gegenstand von Qual und Krämpfen. Du träumst von Licht, vom ewigen Besitz des Schöpfers, du glaubst, den Nebeln, in denen du schmachtest, zu entkommen. Nur zu! Nur zu: Freu dich auf den Tod, der dir nicht das, was du erhoffst, sondern noch tiefere Nacht, die Nacht des Nichts bringen wird!"*
Alles war wie weggeblasen. Die eigene Sicherheit, die Erkenntnis der Wahrheit, das Sehen Gottes, die Liebe Gottes, alles weg. Der Absturz: nur noch Dunkelheit und Beklemmung. Vielleicht passt das nicht unbedingt zu der Therese, die uns von irgendwelchen alten Kommunionbildern entgegenlächelt. Aber diese Sätze gehören auch zu ihrem Leben, zu ihrem Leben mit Gott.
Sie war oben, ganz oben, fühlte sich in einem Maße mit Gott vereinigt, wie es nur wenigen Menschen zuteil wird; und auf einmal war sie unten. Sie hatte das helle Licht Gottes gesehen - und auf einmal nur noch Finsternis. Und diese beiden Dinge, Licht und Finsternis, machen Therese von Lisieux so wertvoll für unsere eigene Suche nach der Wahrheit, für unsere Suche nach uns selbst, für unsere Suche nach Gott. Wenn wir sonst in den Biographien von irgendwelchen Heiligen lesen, oder vom Leben irgendwelcher Propheten aus der Bibel: da scheint alles immer so wunderbar einfach zu sein. Die reden mit Gott wie mit einem anderen Menschen. Das zu lesen ist zwar interessant, aber es ist eben auch weit weg von unserer eigenen Erfahrung mit diesem Gott. Wir können nicht mit Gott sprechen wie mit einem anderen Menschen. Wir können Gott eben nicht sehen. Es fällt uns eben nicht immer leicht, diesem Gott zu vertrauen, an diesen Gott zu glauben. Wenn wir etwas von diesem Gott

erfahren wollen, dann reicht es eben nicht, mit dem Finger zu schnippen und Augen und Ohren aufzuhalten. Und genau das hat eben auch Therese von Lisieux erfahren – und erlitten: dass es eben nicht immer einfach ist mit diesem Gott.

Diese Frau lehrt uns zwei wichtige Dinge über die Wahrheit. Zum einen: diese Wahrheit in Gott zu suchen. Ohne Gott wirst du nicht erfahren, was du bist, warum du bist. Du brauchst Gott. Das andere, was sie uns lehren kann: es gibt Zeiten, da nimmst du viel von Gott wahr, da fällt es leicht, an Gott zu glauben. Aber es gibt eben auch Zeiten, da siehst du gar nichts, da gibt es für dich keinen Gott. Da kannst du Gott hinterherjagen wie du willst, da kannst du dich abstrampeln wie du willst: du wirst nichts von Gott wahrnehmen. Und damit musst du irgendwie leben können.

„Was ist Wahrheit?" Wahrheit – das klingt immer so kompliziert, so abstrakt, so wenig greifbar. Wahrheit – dabei geht es einfach um alles. Um uns, um die Welt, um Gott. Und wenn es heißt, wir suchen die Wahrheit, dann suchen wir eben nicht irgendeine abstrakte Idee, sondern wir wollen unserem Leben einen Sinn geben. Und da können wir viel, sehr viel entdecken, und mit Gott sogar noch ein bisschen mehr. Wir können uns selbst entdecken, und wir können unseren Gott entdecken. Dieser Gott ist Licht, strahlendes Licht. Aber Gott ist auch Finsternis, beklemmende Finsternis. Beides gehört zu unserem Weg zu Gott. Machen wir uns auf den Weg zu diesem Gott, zu seiner Wahrheit, zu seinem Licht und zu seiner Finsternis. Dann sehen wir vielleicht, dass selbst seine Finsternis unser Leben hell machen kann.

Schöne Ferien!

Vor ein paar Monaten sollte dem Literaturkritiker Marcel Reich-Ranicki der Deutsche Fernsehpreis verliehen werden. Das klingt jetzt nicht so spektakulär und trotzdem wurde daraus ein Auftritt, den man nicht so schnell vergessen wird. Viele von Ihnen werden sich vielleicht noch an diesen Auftritt erinnern, wie er übelst herzog über die deutsche Fernsehlandschaft, darüber, wie bei uns Unterhaltung funktioniert, darüber, was der Deutsche sich im Fernsehen ansieht und damit auch darüber, wie der Deutsche sein Leben gestaltet. Man könnte seinen Vorwurf zusammenfassen, indem man sagt, dass er überall nur noch Oberflächlichkeit, Flachsinn und mangelnde Tiefe feststellt. Das tut er mit der ihm eigenen charmanten Arroganz eines hochgebildeten Literaten, der auf die Normalsterblichen hinunterschaut. Aber so ganz neu, und so ganz aus der Luft gegriffen ist dieser Vorwurf ja nicht.

Sie kennen sehr wahrscheinlich den Schriftsteller Antoine de Saint-Exupery. Berühmt geworden ist er durch seinen Roman „Der kleine Prinzen“, ein Werk, das sicherlich zu bekanntesten des letzten Jahrhunderts gehört. Sein Satz: *„Man sieht nur mit dem Herzen gut“* ist ja mittlerweile zum Allgemeingut geworden und zum Motto jeder zweiten Hochzeitsfeier. Saint-Exupery war aber nicht nur der Autor von irgendwelchen märchenhaften Erzählungen, sondern auch jemand, der sehr konkret auf unsere reale Welt geblickt hat. Er hat in der Welt ein großes Problem gesehen. Er schreibt: *„Es gibt nur ein Problem, ein einziges, in der Welt. Dem Menschen eine geistige Bedeutung geben. Geistige Verunsicherung abbauen. Auf sie etwas herabregnen lassen, was dem gregorianischen Gesang ähnelt. Wir können nicht mehr von Kühlschränken, Politik, Skat und Kreuzworträtseln leben, verstehen Sie. Man kann nicht mehr ohne Poesie, ohne Farbe, ohne Liebe leben.“*

Diese Zeilen sind jetzt 60 bis 70 Jahre alt und trotzdem sind sie aktuell. Nicht erst seit Marcel Reich-Ranicki. Saint-Exupery spricht von geistiger Bedeutung; ich glaube, damit ist er an dem Problem näher dran als Reich-Ranicki, der einfach nur gegen etwas gepoltert hat, ohne jetzt wirklich zu sagen, wohin es eigentlich gehen soll. Es geht um geistige Bedeutung. Geistige Bedeutung heißt jetzt nicht, dass jeder Gedichte schreiben soll und sich ein Abonnement fürs Theater holen muss. Geistige Bedeutung heißt, dass der Mensch eigentlich ein Wesen ist, das mit einer einmaligen Fähigkeit ausgerüstet ist: der Fähigkeit, in die Tiefe zu schauen, der Fähigkeit, den Dingen der Umgebung und sich selbst eine neue Bedeutung zu geben; nicht nur an der Oberfläche zu kratzen, sondern zu spüren, dass da mehr ist.

Diese Fähigkeit des Menschen muss auch gepflegt werden. Unsere heutige Gesellschaft ist wie keine andere Gesellschaft zuvor eine Freizeit-Gesellschaft, eine Gesellschaft, in der Freizeit und Zerstreuung eine unglaublich große Rolle spielen. Trotzdem weiß ich nicht, ob man unsere Gesellschaft jetzt wirklich glücklicher nennen kann als die Gesellschaften früherer Zeiten, trotz aller Freizeit, trotz aller Zerstreuung. Vor ein paar Wochen bekam ich mit, wie ein junger Mann von Mitte 20 schimpfte und fluchte und wörtlich sagte: „Drecks-Sonntag. Totale Langeweile“. Gut, vielleicht hätte er sich vor den Fernseher setzen können, aber hätte es das besser gemacht?

Geistige Bedeutung. Das fängt vielleicht schon damit an, sich und seiner Zeit auch eine Bedeutung zuzugestehen, mit sich selbst etwas anfangen zu können. Geistige Bedeutung.

„Wir können nicht mehr von Kühlschränken, Politik, Skat und Kreuzworträtseln leben, verstehen Sie. Man kann nicht mehr ohne Poesie, ohne Farbe, ohne Liebe leben." Poesie, Farbe, Liebe, Bedeutung! Dem eigenen Leben etwas Wichtiges geben, etwas, das über den Augenblick hinausreicht, etwas, das den Augenblick nicht nur in der Bedeutungslosigkeit versinken lässt, sondern ihn ernst nimmt. Als Christen glauben wir daran, dass es dieses Etwas gibt. Dieses Etwas, das uns, jeden von uns zu etwas Besonderem macht, dass es etwas gibt, was wir an der Oberfläche der Welt nicht wahrnehmen können, sondern in der Tiefe.

Wir haben jetzt Schulferien. Und ob jetzt Schüler oder nicht: Es ist eine Zeit, die ruhiger verläuft, in der man mehr Zeit hat und in der die Frage der Wertschätzung der Zeit und damit auch die Wertschätzung des eigenen Lebens vielleicht eine größere Rolle spielt als sonst. Man kann nach dieser Zeit wieder in die Arbeit einsteigen oder in die Schule gehen mit dem Satz: Was eine Zeit! Was eine Langeweile! Man kann es. Aber man muss es nicht.
In dem Sinne wünsche ich Ihnen noch schöne Ferien und viel Poesie, Farbe und Liebe.

Rock 'n' Roll

Es ist das Jahr 1956. Also schon eine Weile her. In diesen Jahren passierte etwas Wichtiges, etwas Neues begann sich damals überall in der westlichen Welt auszubreiten, in den USA, dann in Europa. Der britische Journalist beschreibt dieses Neue viele Jahre später im Rückblick:
„Das erste Mal hörte ich ihn im März 1956. Ich war 15, ein Schuljunge in einer kleinen Stadt in Lancashire. Nichts in der Welt klang so wie er - nichts in meiner Welt jedenfalls. Damals gab es nicht einmal das Wort 'Teenager'. Wenn man einmal ausgewachsen war, sollte man gefälligst wie eine jüngere Version seiner Eltern aussehen, und auch so denken und sprechen. In jene freudlose, vorsichtige Zeit, wo jeder seinen Platz kannte, schlug Elvis ein wie der Blitz."
Was dieser Mann da beschreibt, ist die Geburt des Rock 'n' Roll oder besser: der modernen Musik, wie wir sie heute kennen. Diese Musik hat unsere Welt unwiderruflich verändert, sie hat eine Kulturrevolution ausgelöst, sie hat alles auf den Kopf gestellt. Vielleicht war auch die Welt davor nicht ganz so farblos, wie der Journalist sie schildert, aber sie im wahrsten Sinn des Wortes „konservativ", bewahrend, vorsichtig, Neues wurde erst einmal misstrauisch beäugt, wenn es nicht gar direkt abgelehnt wurde. Dann kam diese neue Musik. Diese Musik

brachte etwas Befreiendes, Musik wollte auf einmal eine neue Welt erschaffen, Musik wollte auf einmal neu sein, modern sein, cool sein, Party machen. Auf einmal galt die Gleichung: modern = gut, alt = schlecht. Alles, was danach an kulturellen Neuerungen kam und was wir heute als modern ansehen – sei es jetzt gut oder schlecht - all das kommt aus dieser Zeit und aus dieser Art, Musik zu machen. Die Wurzeln dieser neuen Musik sind sehr vielfältig, die Musikwissenschaftler sehen sie weitestgehend im Blues. Die Mentalität dieser neuen Musik kommt aber woanders her und damit komme ich zu dem Punkt, der uns als Christen berührt: es ist der amerikanische Gospel.

Diese Art Musik, die wir jeden Tag hören, die unser Denken und Fühlen bestimmt, stammt aus dem Religiösen, nämlich aus dem schwarzen, amerikanischen Gospel, aus dem christlichen Gottesdienst in Amerika. Die Mentalität dieser Musik ist eine religiöse. Damit transportiert diese Musik etwas, das eigentlich Teil unseres Glaubens sein müsste, nämlich Tempo, Feuer, Erlösung, Aufbruch in eine neue Welt!

Denken wir noch einmal zurück an die Zeilen dieses Journalisten. Dieser Journalist feiert eine persönliche Neugeburt, ein neues Leben, das ihm in einem Augenblick geschenkt wurde. Als er zum ersten Mal diese neue Musik hörte, wird es wie der Blitz bei ihm eingeschlagen haben, ihm wurde in einem einzigen Moment klar, dass von nun an nichts mehr so sein konnte wie vorher. Was dieser Journalist hier schildert, ist nichts anderes als eine religiöse Bekehrung! Denken Sie an die Erzählungen solcher Bekehrungen, in der Bibel, in den Viten der Heiligen: von diesen Menschen wird erzählt, wie sie in einem Augenblick etwas wahrhaft Göttliches wahrgenommen haben, wie sich Gott ihnen wirklich gezeigt hat. Diese Erlebnisse haben sie umgekrempelt, das bisherige Leben auf den Kopf gestellt. Sie haben in einem einzigen Augenblick in einer letztlich nicht aussagbaren Weise die Nähe Gottes gespürt und nach diesem Augenblick konnte nichts mehr so sein wie vorher. Es ist die gleiche Erfahrung, die auch dieser Journalist mit der Musik gemacht hat: dass in einem Moment dem Menschen eine Erfahrung zuteil wird, die ihn in seinem Innersten explodieren lässt und den Himmel hier auf die Erde holt. Solche rauschhaften Gefühle sind natürlich kein Normalzustand, aber in der Musik spüren wir ja durchaus, dass sie uns auch unser Leben lang Glück und Kraft schenken kann. Und damit kommen wir wieder zurück zum Glauben:

Wenn wir normalerweise darüber nachdenken, welche Gefühle Glaube in uns auslösen soll, dann denken wir eher an Ruhe und an Stille. Aber Glaube soll doch eigentlich nicht müde machen, sondern wach! Glaube soll doch nicht die Wirkung einer Schlaftablette haben! Glaube soll Kraft geben, Kraft für einen Neuanfang, für einen Aufbruch! Von diesem Gefühl lebt der amerikanischen Gospel, dieses Gefühl ging dann in die moderne Popmusik und genau dieses Gefühl muss auch wieder Teil unseres Glaubens werden: das Gefühl, dass unser Glaube an Gott alles auf den Kopf stellen kann, dass er alles erneuern kann, dass Glaube auch Auflehnung bedeutet, Ausleben der eigenen Gefühle, Steigerung der eigenen Gefühle, Erlösung bereits hier und jetzt: das darf nicht nur in der Musik spürbar werden, sondern auch in unserem Glauben!

Das ist auch eine zutiefst christliche Botschaft. Vielleicht müssen wir als moderne Menschen diese Visionen und Bekehrungsgeschichten der Heiligen mit anderen Augen zu lesen lernen, in ihnen etwas erkennen, das nicht vergangen, sondern an anderer Stelle auch in unserer modernen Welt präsent ist, etwas, das eigentlich Teil unseres Glaubens gewesen ist und wieder Teil unseres Glaubens werden muss: Das Gefühl, den Himmel hier auf die Erde zu holen. Das ist Rock 'n' Roll und das ist Christentum! Der Rock 'n' Roll entstand aus dem Lebensgefühl heraus, die Freude über den eigenen Glauben in die Welt hinauszuschreien, das Gefühl, dass etwas Göttliches in uns wirkt. Dieses Gefühl war Teil des Glaubens vieler Christen. Es könnte auch uns als Christen helfen.

Beichte

Sie sitzen jetzt hier in der Kirche friedlich in Ihren Bänken. Stellen Sie sich bitte folgende Situation vor: Am Anfang des Gottesdienstes tritt ein Mann aus der Bank heraus, kommt hier nach vorne vor den Altar und sagt Ihnen, sagt der ganzen Gemeinde: „Ich habe meine Frau geschlagen. Dafür bitte ich um Buße und um Vergebung."

Sie als Gemeinde würden vermutlich etwas verstört sein. Aber das war Praxis in Kirche, mehrere hundert Jahre. In den ersten Jahrhunderten war es so, dass die Gemeindemitglieder, die eine schwere Sünde begangen hatten, diese vor der ganzen Gemeinde bekannt haben; die Gemeinde überlegte dann eine Buße, und erst nach Erfüllung der Buße war der „Sünder" wieder volles Mitglied der Gemeinde. Das war nicht überall so, aber es war durchaus üblich.

Ich erzähle Ihnen nicht davon, um Sie zu erschrecken oder um so eine Art der Beichte wieder einführen zu wollen, es geht mir darum, dass dieses Sakrament der Beichte sich in der Geschichte unserer Kirche natürlich verändert hat. Und wir neu über unsere heutige Form dieses Sakraments nachdenken müssen.

Ich stehe hier oben als Prediger zum Thema Beichte. Vor ein paar Monaten wurden die Fastenpredigten unter den Pastören im Pastoralteam unserer Stadt verteilt. Für jedes

Sakrament fand sich recht schnell ein Prediger, nur für ein Sakrament nicht, Sie ahnen es: für die Beichte. Und das verrät schon eine ganze Menge über dieses Sakrament und über die Schwierigkeit, die *wir alle* mit diesem Sakrament haben.

Man muss ganz nüchtern feststellen: von einzelnen Ausnahmen abgesehen, findet Beichte in unseren Gemeinden zurzeit nur bei den Kommunionkindern statt. Die werden scharenweise in die Beichtstühle geschickt zur ersten und wahrscheinlich auch letzten Beichte. Ansonsten ist bei den Erwachsenenbeichten wie folgt: es gibt sie eigentlich nicht. In den Gemeinden findet die Beichte so gut wie gar nicht statt; das kann je nach Prägung der Gemeinde mal mehr und mal weniger sein, aber normalerweise findet sie in den Gemeinden nicht statt.

Das ist die Realität von Beichte heute. Eine recht trübe Realität. Woran liegt das? Zum einen wohl ganz einfach daran, dass natürlich kein normaler Mensch gerne über seine Fehler und Sünden spricht. Jeder von uns weiß, dass er Fehler und Macken hat, dass er auch – mal weniger, mal weniger – sündig ist. Aber darüber sprechen fällt verständlicherweise schwer. Natürlich spricht man lieber über seine Vorzüge als über seine schlechten Seiten, völlig normal.

Das zweite: Wir als Kirche haben es da vielleicht in bisschen übertrieben in den letzten Jahrzehnten. Jahrzehntelang haben wir den Leuten gesagt: Ihr seid Sünder, verdorbene Sünder, ihr müsst beichten, ihr müsst alles bekennen, sonst kommt ihr in die Hölle – wie ihr es ja auch eigentlich verdient hättet. Um ein Beispiel zu nennen: Ich stieß vor einiger Zeit auf die Radioansprache eines Pfarrers aus den 50er Jahren. Dort sagte er:

„Ich spreche heute Abend sicher zu vielen, die wissen, dass sie sündig sind. Du weißt, wenn du jetzt plötzlich stirbst, würdest du direkt in die Hölle stürzen." Ich brauche hier wohl keinem erzählen, welche Auswirkungen es hat, wenn man ständig nur zu hören kriegt, dass man ein böser Sünder ist und was man alles nicht tun darf. Die Auswirkungen sehen wir unter anderem jeden Sonntag in den Kirchen – und in den Beichtstühlen. Denn der normale Christ hat einfach keine Lust mehr, ständig als Sünder bezeichnet zu werden und geht deshalb auch nicht als Sünder zur Beichte.

Erschwerend kommt noch hinzu, wenn immer deutlicher wird, dass die Kirche, die ihre eigenen Schäfchen gerne als Sünder bezeichnet, auch selbst sündig wird, sehr oft, wie wir in den letzten Monaten und Jahren in den Zeitungen lesen mussten. Dann fragen sich logischerweise sehr viele: Mit welchem Recht sagt Kirche mir, dass ich ein Sünder bin, wenn sie selbst nicht besser oder sogar schlechter ist? Warum soll ich in einen Beichtstuhl gehen und einem anderen meine Fehler und Sünden erzählen, wenn der und seine Kirche die gleichen Fehler und Sünden haben?

Wir als Kirche haben viele Jahrzehnte jeden Menschen nur als Sünder gesehen. Die Quittung kassieren wir jetzt – nicht nur, aber auch im Beichtstuhl. Was nun? Die alte Form der Beichte abschaffen? Böse gesagt: muss man nichts abschaffen, was nicht mehr da ist. Es geht auch nicht um die Abschaffung dieser Form, sie war immer Teil unserer Kirche und in bestimmten Fällen wird sie es auch bleiben. Aber: wir müssen als Kirche auch schauen, dass es *neben* dieser Form der Beichte auch andere Formen geben muss, mit den Menschen über Sünde und Versöhnung sprechen zu können und den Menschen diese Versöhnung auch zusagen zu können. Um überhaupt darüber nachdenken zu können, muss es erst einmal darum gehen, warum wir Menschen überhaupt so etwas wie Versöhnung brauchen.
Wir brauchen als Menschen keine Versöhnung wegen ein paar kleinen Fehlern und Macken, die halt mal so passieren. Das sind alles Fehler, auf die sollte man achten, keine Frage, aber muss ich jetzt mit Gott versöhnt werden, weil mal eine kleine Lappalie unterlaufen ist? Weil ein kleiner Junge 4 statt 3 Bonbons genommen hat oder weil Egon Müller ein Glas Bier zuviel getrunken hat oder Paula Schultze mal einen Zigarettenstummel auf die Strasse wirft? Daran sollte man arbeiten, aber muss man deshalb mit Gott versöhnt werden, weil man gegen Gott gesündigt hätte? Denn hier liegt schon der erste Fehler, den Kirche begangen hat, wenn es um Sünde ging: aus jeder Mücke einen Elefanten zu machen; den Leuten einzureden, dass jede kleine Macke eine Todsünde ist, weil sie Teil unserer verdorbenen menschlichen Natur ist. Denken wir zurück an die Kirche der ersten Jahrhunderte und an diese Sündenbekenntnisse der ganzen Gemeinde: die standen nicht da vorne und haben was von den Bonbons oder dem Glas Bier erzählt, sondern von wirklichen Sünden. Wir brauchen Versöhnung da, wo wir wirklich Sünder sind – sonst nicht. Und wir *sind* alle Sünder.

Ich begebe mich jetzt auf ein ganz dünnes Eis. Es geht nicht darum, in guter Tradition der Zeit vor 50 Jahren darauf hinzuweisen, dass jeder Mensch in erster Linie und vor allem Sünder ist. Der Mensch ist in erster Linie ein Geschöpf Gottes und damit ein moralisch gutes Wesen. Aber: wir wissen auch, dass der Mensch nicht nur ein gutes Wesen ist. Wir wissen, dass der Mensch nicht nur, aber auch sündigt. Dass jeder von uns Situationen erlebt, in denen man Unrecht zufügt, anderen Menschen – wie auch immer – wehtut oder sonst eben Dinge tut, die nicht mehr nur eine Lappalie sind.

Das Problem ist, dass man heute aufgrund unserer Vergangenheit als Kirche eigentlich kaum von Sünde sprechen kann, ohne unter dem Verdacht zu stehen, gleich die große moralische Keule rauszuholen und mit dem Zeigefinger zu drohen. Es ist heute fast unmöglich über so etwas wie Sünde zu sprechen. Es wird nicht von Sünde gesprochen, nirgendwo. Vielleicht von Dingen, die eine Sünde wert sind. Ansonsten ist man da viel geschickter. Sünde? Nein, wenn jemand was falsch macht, dann liegt das an den Genen, an der schlimmen Kindheit oder an der bösen Gesellschaft, was auch immer. Nur wenn was Gutes gelingt, ja dann ist es natürlich mein eigenes Verdienst.

Hier wäre ein erster Punkt, an dem Kirche ansetzen müsste. Den Menschen klarzumachen: Ihr seid nicht nur Sünder. Aber ihr seid auch Sünder! Und ihr könnt nicht alles auf die böse Gesellschaft und die Gene schieben: ihr seid auch Sünder und ihr braucht auch Versöhnung und Vergebung. Es ist ein ganz dünnes Eis, auf dem wir uns bewegen: den Menschen klarzumachen, dass sie Sünder sind, ohne gleich in den Ton früherer Tage zu verfallen. Dabei ist eine Sache ganz wichtig: Unser Ziel als Kirche ist nicht, den Menschen zu sagen, dass sie Sünder sind, sondern was wirkliches, gelungenes menschliches Leben ist. Was Kirche erst einmal ändern muss, ist vielleicht noch nicht einmal so sehr der Ritus oder die äußere Form, es ist die Sprache, mit der wir als Kirche auf die Menschen zugehen. Der Ton macht die Musik. Das gilt auch für Kirche. Und wir als Kirche müssen eben den Ton finden, den Menschen klarzumachen, dass sie auch Sünder sind, aber dass es uns nicht darum geht, darauf herumzureiten, sondern um Wege, um zu sich selbst und zu einem gelungenen Leben zu finden. Denn das ist doch das Ziel von Beichte, von Versöhnung: mit sich, mit den Mitmenschen und mit Gott im Reinen zu sein, um glücklich und gut leben zu können. Darum geht es doch, wenn wir ein Leben als Christ führen wollen: ein gelungenes Leben. Und dazu muss es eben auch gehören, auf sich selbst zu schauen. Mit allem Guten, aber eben auch mit allem Schlechten.

„Wer von euch ohne Sünde ist, werfe den ersten Stein.“ Hinter diesem Satz Jesu steckt die Aussage: Schaut auf euch selbst! Und nicht nur auf das Gute. Diese Leute mit dem Stein in der Hand sind deswegen davongegangen, weil sie vielleicht zum ersten Mal ungeschminkt auf sich selbst geschaut haben und etwas begriffen haben. Schaut auf euch selbst! Sucht keine Ausreden, die gibt es immer. Schiebt es nicht auf die anderen, schiebt es nicht auf eure Umgebung. Setzt bei euch selbst an!

Auf sich selbst zu schauen hat auch damit zu tun, sich selbst wirklich ernst zu nehmen, mit seinen Stärken, aber eben auch mit seinen Schwächen. Es geht bei der Frage von Beichte und Versöhnung nicht um die Frage, ob wir gegen kleine Sünde Nr. 15 viermal verstoßen haben. Es geht um unser Leben, um unsere Lebensgestaltung, um die Idee, die wir von einem guten Leben haben und dazu gehört eben auch, wie wir mit den Dingen umgehen, die an uns eben nicht so toll sind. Schaut auf euch selbst! Das sagt uns Christus. Christus sagt uns nicht: Alles ist verboten, was Spaß macht! Christus sagt uns nicht: Geh in Sack und Asche, weil du ein Sünder bist! Christus sagt uns: Schau auf dich selbst, auf alles!

Ich weiß nicht, wie eine neue Form der Beichte aussehen könnte, eine neue Form, unsere Versöhnung zu feiern. Vielleicht geht es in Richtung der Bußgottesdienste, vielleicht wird sich eine andere Form entwickeln. Ich weiß es nicht. Keiner weiß es.
Erst einmal ist wichtig, auf das zu blicken, was in der Beichte eigentlich stattfinden soll, heute irgendwie nicht mehr stattfinden kann und deshalb eine neue Form braucht: die Fähigkeit, ungeschminkt auf sich selbst zu schauen und letztlich Versöhnung feiern zu können. Wir brauchen eine neue Form dafür, eine neue Form von Versöhnung, weil wir Versöhnung brauchen. Weil Versöhnung zu einem gelungenen Leben dazugehört. Dazu gehören muss. Christus will, dass unser Leben gelingt. Das will jeder von uns. Und mit Christus können wir auch wissen, wie unser Leben gelingt, wie unser Leben besser wird, nicht aus Furcht vor Hölle und Fegefeuer, sondern weil wir Gott und uns selbst näher kommen wollen. Und mit ihm schaffen wir das auch. Nur mit ihm.

Im Circus

Ich muss ja zugeben, dass dies schon ein ungewöhnlicher Ort für einen Gottesdienst ist, der allerdings einen gewissen Reiz hat: die Manege eines Circus. Normalerweise laufen hier Artisten und Dompteure durch die Manege. Was machen die? Sie jonglieren, lassen Dinge verschwinden, Tiere führen Kunststücke auf usw. Die Artisten, Dompteure, Zauberer schaffen Illusionen.
Wenn man so will: das ist auch meine Aufgabe: Illusionen zu schaffen. Nichts anderes versuchen wir in Kirche. Illusionen zu schaffen.

Illusion klingt ja erst einmal negativ. Illusionen, das sind Lügen, Märchen, Dinge, die so nicht passieren. Aber Illusionen können auch eine sehr positive Kraft haben, und um die geht es uns als Kirche, und um die geht es auch hier im Zirkus. Es geht darum, etwas vor sich zu sehen, was eigentlich eine Traumwelt ist, eine schöne Welt, aber eben eine Welt, wie sie eigentlich sein sollte. Wir sehen etwas vor uns, das uns die Illusion einer perfekten Welt bietet, einer Welt ohne Krieg, ohne Gewalt, ohne Krankheit, ohne Leid. Auch wenn diese Welt so nie Wirklichkeit wird – genau da wollen wir doch hin! Diese Welt zeigt uns der Zirkus. Aber nicht nur.

Gerade haben wir aus zwei Texte aus der Bibel gehört. Jesaja. Der Wolf wohnt beim Lamm. Kalb und Löwe spielen zusammen. Eine Illusion. Die Bergpredigt. Die Menschen sind selig. Den Armen, den Verlorenen, denen wird alles gehören. Eine Illusion.
Aber da wollen wir hin! Wenn in der Bibel die Rede ist von der Neuen Welt, von einer Welt, in der Gott regiert, von der perfekten Welt, wenn man so will, dann tauchen immer wieder diese Bilder auf: Tiere und Menschen, die in völligem Frieden leben, eine Welt, in der ein großes Festmahl gefeiert wird, eine Welt, in der es nur noch Lachen und Freude gibt. Das ist die Welt des Zirkus. Eine solche Welt ist Illusion. Aber da wollen wir hin!

Wir als Christen – wir leben auf eine Illusion hin! Aber solche Illusionen, oder besser: Visionen (so groß ist der Unterschied da gar nicht!) - solche Illusionen und solche Visionen brauchen wir, um unsere Welt zu verändern! Um unsere Welt eben nicht nur hinzunehmen, sondern eine Idee davon zu haben, wie unsere Welt eigentlich aussehen müsste und eine Idee zu haben, in welche Richtung es denn gehen soll. Wir als Christen leben aus der tiefen Überzeugung heraus, dass die Welt, so wie sie ist, nicht alles sein kann, dass da mehr sein muss. Und dass uns Gott dieses „Mehr“ schenken kann.
Der Zirkus schafft die Vision einer Welt, in der es nur Freude gibt. Das Christentum schafft die Vision einer Welt, die von der Liebe regiert wird. Wir als Christen und als Menschen dürfen niemals aufhören, an diese Visionen zu glauben. Weil wir uns dann selbst aufgeben würden. Als Christen und als Menschen.

Wenn ein Artist oder ein Dompteur ein neues Stück einübt, dann muss er an das glauben, was er macht, daran, dass er jonglieren kann, dass er die Tiere beherrschen kann usw. Er muss an das glauben, was er da macht, sonst kann es ihm nicht gelingen. Und so ist es auch bei uns

Christen. Wir müssen an das glauben, was wir machen, sonst wird das nicht gelingen. Wir müssen an unsere Vision glauben, sonst wird sie nie etwas.

Wir feiern jetzt hier in einem Circus einen Gottesdienst. Hier ist ein Ort, an dem Illusionen geschaffen werden, die Illusion einer besseren Welt. An diese Welt glauben wir auch als Christen. Und je mehr wir an diese bessere Welt glauben, die hier immer aufgeführt wird, von der wir in der Bibel hören, die wir hier im Gottesdienst feiern, je mehr wir an diese bessere Welt glauben, desto besser wird unsere Welt auch werden.

Der Wahnsinn von Amstetten

Vor etwas über einer Woche wurde im österreichischen Amstetten eine schwerkranke junge Frau in ein Krankenhaus gebracht. Sie wissen, wie es weiterging. Es kam heraus, dass sie seit ihrem Lebensbeginn in einem Keller gefangen gehalten wurde, von ihrem Vater, der gleichzeitig auch ihr Opa ist, heute 73 Jahre alt, der seit 24 Jahren eine Tochter im Keller gefangen hielt, mit ihr Kinder zeugte, von denen 3 in Gefangenschaft groß wurden; ein Kind, das bei der Geburt starb, wurde im Heizofen verbrannt.

Jeden Tag kommen neue, schreckliche Einzelheiten ans Licht der Öffentlichkeit, Dinge, die eigentlich unvorstellbar sind. Einmal abgesehen von der Frage, wie es eigentlich sein kann, dass solche Dinge 24 Jahre lang passieren, ohne das einer aus dem Umfeld aufmerksam wird oder irgendwie reagiert, wie konnte dieser Mann überhaupt 24 Jahre lang mit so einer Situation umgehen?

Wie konnte der auf der Terrasse grillen, wo unter der Terrasse Menschen eingepfercht waren? Wie konnte der die eigene Tochter 24 Jahre einsperren und missbrauchen? Anscheinend konnte er es ganz gut, zumindest die Polizei konnte bei ihm bisher keine Reue oder Schamgefühl diesbezüglich feststellen.

Wozu ist ein Mensch eigentlich fähig? Die schlimme Antwort: er ist zu allem fähig. Und die noch schlimmere Antwort: zu solchen Dingen sind nicht nur Kranke und Geisteskranke fähig, sondern normale Menschen, und das ist das wirklich Schlimme. Wenn uns die Geschichte etwas lehrt, dann das. Der Mensch ist zu solchen Dingen nicht nur in Notwehr fähig, oder wenn er krank ist, er ist als normaler Mensch zu solchen Sachen fähig.

Mehrere Hundert Jahre lang wurden Millionen Menschen als Sklaven von Afrika nach Amerika geschafft. Bei dem Transport lagen sie über Wochen in Ketten, ohne sich bewegen zu können, wenn einer zu schwach wurde oder starb, wurde er über Bord geschmissen. Waren die Männer, die diese Schiffe fuhren, alles Geisteskranke? Handelten die etwa aus Notwehr? Nehmen wir das Schlimmste aller Beispiele: Nationalsozialismus, KZ-Aufseher. Es waren nicht wenige, und sicherlich waren auch viele dabei, die man als geisteskrank bezeichnen muss; aber es waren auch normale Menschen, normale Menschen, die in der Lage waren, so etwas zu machen. Es waren Menschen, die nach Dienstschluss zusammen gesessen und musiziert haben, die unter Umständen Gedichte gelesen haben. Darunter waren auch Menschen, die sich als gute Christen gefühlt haben.

Vor ein paar Wochen las ich den Bericht eines SS-Ausbilders, der schilderte, wie die Ausbildung zu solchen Menschen funktionierte, von Lehrern, Schreinern und Schlossern zu Menschen, die andere Menschen wie Vieh abknallen oder in die Gaskammern schicken. Es geht. Der Mensch ist zu allem fähig.

Der Mensch ist ein wunderbares Wesen, fähig, die schönsten Dinge zu tun; aber auch fähig, brutaler als jedes Tier zu werden. Was ist all diesen Menschen gemeinsam, die solche Taten verüben? Gemeinsam ist ihnen die Fähigkeit, oder besser: die Eigenschaft, in einem anderen Menschen keinen wirklichen Menschen zu sehen, sondern etwas anderes, das man einsperren oder töten oder bei dem man sich bedienen kann. Sie selbst sind Mensch, aber eine bestimmte Bevölkerungsgruppe oder andere Personen sind es nicht und werden auch nicht als solche gesehen. Die anderen sind dann entweder ein Feind, oder ein Werkzeug oder ein Spielzeug, wozu auch immer. Nur so ist es möglich, anderen derartiges Leid zuzufügen. Normalerweise müsste ja in jedem Menschen das Wissen sitzen: Ich bin Mensch, mit meinen Gefühlen, mit meiner Würde und jeder andere Mensch hat so was auch. Ganz so einfach ist es leider nicht.

Wir Christen haben ja die große ethische Forderung der Nächstenliebe, der Mitmenschlichkeit. Dies weiß jeder, wir Christen verkünden es seit 2000 Jahren, und trotzdem ist diese Nächstenliebe alles andere als selbstverständlich. Desto wichtiger ist es, dass diese Dinge von uns als Christen auch gelebt werden, als Beispiel gelebt werden. Jesus lebte in einer Zeit, die viel brutaler war als unsere Zeit heute, Gewalt und Folterung war normal. Kaum einer hat darüber nachgedacht, ob Gewalt richtig ist oder nicht. Trotzdem gab es diese Forderung der Nächstenliebe, der Achtung eines anderen Menschen. Und diese Forderung ist auch heute eine Forderung, weil wir auch heute noch an ihr arbeiten müssen. Solche Menschen wie in Amstetten - das ist das Brutale -, die wird es immer geben, die werden sich nie ganz verhindern lassen. Aber jeder einzelne von denen, der verhindert wird, ist Gold wert. Jeder von denen ist Gold wert, der sich nicht zu einer Bestie entwickelt, weil ihm eben vermittelt wurde, was Mitmenschlichkeit heißt, weil er bei anderen Menschen sehen konnte, wie Mitmenschlichkeit gelebt wird. Wer weiß, wie viele Sklavenschiffe, Konzentrationslager und Kellerverliese verhindert worden wären.

Als Christus nach dem wichtigsten Gebot gefragt wurde, hat er gesagt: Du sollst Gott und den Nächsten lieben wie dich selbst. Das ist christliches Leben, mehr nicht, aber eben auch nicht weniger. Auf dass dieses Christentum gelebt wird.

III. Bibelauslegung

Die Rippe Adams (Gen 2,18-24)

Das Buch Genesis schildert die Schöpfung der Welt, mit ihr die Schöpfung des Menschen. Aus diesem Buch Genesis haben wir gerade eine Erzählung vernommen, die für die meisten Zuhörer wahrscheinlich wie ein Märchen klingt. Schneewittchen und die sieben Zwerge scheinen einen genauso großen Wahrheitsgehalt zu besitzen wie diese Erzählung, in der davon berichtet wird, wie die Frau aus der Rippe Adams geschaffen wird. Dieser Text ist natürlich in den Ohren vieler Frauen nicht besonders angenehm: geschaffen aus der Rippe des Mannes, wie klingt das denn?

Außerdem sind diese alten Schöpfungsberichte eh mehr als umstritten, weil doch mittlerweile fast jedem klar ist, dass die Welt - und mit ihr der Mensch -, nicht in der Weise geschaffen wurde, wie es das Buch Genesis beschreibt: der Mann schläft, dann kommt Gott dahergelaufen, nimmt eine Rippe heraus und macht daraus eine Frau. Was ist das für eine eigenartige Geschichte?

Trotzdem lohnt es sich, oder gerade *deshalb* lohnt es sich, sich mit diesem Text zu befassen. Man kann gerade an diesem Text viel lernen über das biblische Menschenbild und welche Tiefe sich eigentlich dahinter verbirgt. Für die Menschen damals, die etwas sagen wollten über die Entstehung des Menschen, gab es ein großes Problem: Wie ging das vor sich, Entstehung des ersten Menschen? Zeugen, Fortpflanzen geht nicht, weil es vor dem ersten Menschen logischerweise keinen Menschen gab. Also von Gott geschaffen. An sich gut, aber schwer vorstellbar, wie kann man das beschreiben? Man brauchte ein Bild. Also nahm man das Bild eines Töpfers. Ein Töpfer ist einer, dessen Tätigkeit jedem vertraut war: er schafft aus einem Material etwas völlig Neues. Und deshalb ist auch Gott ein Töpfer. Gott nimmt das Material – Erde -, formt daraus einen Menschen und haucht ihm den Lebensgeist ein.

Dann das zweite Problem: der zweite Mensch. Mit dem musste das ja irgendwie anders sein als beim ersten Menschen. Der musste auch von Gott geschaffen sein, aber eben irgendwie auch mit dem ersten Menschen zu tun haben. Dann nahm man die Rippe. In fast allen antiken Schöpfungsmythen, in all diesen uralten Sagen finden sich ähnliche Erzählungen, wie der zweite Mensch dem anderen, dem ersten Menschen entspringt. In einigen Ländern des Orients war es der Kopf. Dort wird dann geschildert, wie der zweite Mensch aus dem Kopf des ersten

Menschen entspringt; in Griechenland z.B. ist es der Oberschenkel, bei den Juden eben die Rippe. Anders war Schöpfung des Menschen undenkbar. Man kannte noch keine Evolution, keine Weiterentwicklung des Lebens. Wie dann die Herkunft des Menschen erklären?
Nun zur berühmten Rippe. Wir stehen oft vor dem Problem, dass viele Dinge aus dem Hebräischen nicht ins Deutsche übersetzbar sind, weil Worte in der anderen Sprache verschiedene Bedeutungen haben, die man im Deutschen nicht ganz wiedergeben kann. So ist es auch hier. Das Wort, das immer mit Rippe übersetzt wird, hat auch noch andere Bedeutungen. Es heißt unter anderem soviel wie „Seite" oder „Grenze". Es geht um die ganze Seite des Menschen, nicht nur um eine Rippe: es ist der halbe Mensch! Und hier taucht nun ein wirklich großes Bild des Menschen auf.
Dieser Mensch, so diese Erzählung, der kommt erst wieder dann ganz zu sich - man kann sagen: wird erst wieder vollständig - in der Gemeinschaft mit der Frau. Damit sagt dieser Text eindeutig, dass die Frau dem Mann gleichwertig ist. Der Text spricht ja auch davon, dass sie dem Mann entspricht, also auf einer Stufe ist. Es ist ein Text, der versucht, die tiefe Einheit zwischen Mann und Frau zu begründen. Dieser Text sagt aber nicht nur viel über das Verhältnis von Mann und Frau, sondern auch über den Menschen an und für sich. Dieser uralte Text aus der Bibel entwirft in damaligen Verhältnissen mit damaligen Bildern das Gesamtbild eines Menschen, der als Mann und Frau in gleicher Würde geschaffen ist, das Bild eines Menschen, der auf die Gemeinschaft mit anderen Menschen angelegt ist. In diesem fast dreitausend Jahre alten Text ist von der je eigenen Würde und Freiheit des Menschen als Mann und Frau die Rede, und zwar auf einem Niveau, das auch heute in unserer Welt nicht immer und überall erreicht wird.
Wenn wir von der besonderen Würde eines jeden Menschen sprechen, dann sprechen wir nicht nur von etwas, das in anderen Ländern gefährdet ist, sondern auch bei uns. Am Arbeitsplatz, in der Schule, in der Familie, überall geht es um Menschenwürde, geht es darum, wie ich meinem Nächsten gegenübertrete, welche Würde ich ihm zubillige. Was heißt denn Würde? Auch ein Wort, das in unserer Alltagssprache kaum noch auftaucht. Wohl kein Zufall. Würde hat damit zu tun, einem anderen Menschen einen unbezahlbaren Wert zuzubilligen, meinem Gegenüber eine Hochschätzung zuzugestehen, weil er ein Mensch ist, auch wenn ich ihn nicht leiden kann, auch wenn wir Auseinandersetzungen haben. Die Würde des anderen. Die Bibel zeichnet das Bild eines von Gott in Würde geschaffenen Menschen; und darum müssen wir auch wir heute noch ringen. Deswegen ist diese uralte Erzählung kein Märchen aus der Vergangenheit, es ist ein Appell für uns alle.

Elija am Gottesberg (1 Kön 19,9a.11-13)

Wir sind Christen. Wir sind jetzt hier in einem Gottesdienst. Wir versuchen etwas von Gott zu erfahren. Wir suchen Orte, wo wir etwas von Gott spüren können. Wir glauben an diesen Gott, glauben an seine Gegenwart. Und trotzdem haben wir immer wieder das Gefühl, dass es nicht klappt, dass dieser Gott sich immer wieder unserem Zugriff und unserem Verstehen entzieht, dass wir diesen Gott nicht zu packen kriegen. Wir wollen an diesen Gott glauben, wir hören immer wieder von diesem Gott hier im Gottesdienst – und trotzdem: was wissen wir schon von ihm? Was haben wir selbst von diesem Gott erfahren?

In der Bibel gibt es viele Texte, in denen davon die Rede ist, wie Gott den Menschen erscheint. Diese alten Texte üben eine große Anziehungskraft aus. Wir hören sie, hören davon, wie die Menschen früherer Zeit etwas von Gott wahrgenommen haben und versuchen das auf uns zu übertragen, zu überlegen, wie diese uralten Texte über Gott uns heute mit diesem Gott helfen können. Von diesen Texten gibt es in der Bibel sehr viele, wie es eben so ist: einige gute und einige weniger gute.

Einen sehr guten, wohl einen der besten Texte haben wir gerade in der Lesung aus dem Alten Testament gehört, die Begegnung des Elija mit Gott. Kurz zum Hintergrund dieses Textes: es ist das 8. Jahrhundert v. Chr. Weite Teile des Volkes Israel, auch der König, haben sich vom Gott ihrer Väter abgewandt und verehren den heidnischen Gott Baal. Elija geht gegen diesen Kult vor, er muss aber in die Wüste fliehen, und bei dieser Flucht begegnet er Gott am Berg Horeb.

Gerade hörten wir die Beschreibung dieser Begegnung: zuallererst die Beschreibung der Naturgewalten. Ein Sturm, der alles zerfetzt, ein Beben, ein Feuer. Die deutsche Einheitsübersetzung, die wir vorhin ja auch gehört haben, hat oft den Nachteil, zu glatt zu sein, viele Dinge abzuschleifen. Die Einheitsübersetzung zählt diese Naturgewalten in einer etwas zähen Art auf, wie eine Litanei. Nach dem Sturm kam ein Erdbeben. Doch der Herr war nicht im Erdbeben. Nach dem Beben kam ein Feuer. Doch der Herr war nicht im Feuer. Im Hebräischen Urtext kommt dieses Geschehen sehr viel Dynamischer rüber, weil hier auf die Verben verzichtet wurde: Nach dem Sturm: Beben! Er nicht im Beben! Nach dem Beben: Feuer! Er nicht im Feuer! Das ist viel dynamischer als dieses lahme: Nach dem Beben kam ein Feuer .... doch der Herr war nicht im Feuer. Nach dem Beben: Feuer! Er nicht im Feuer! In diesem Abgehackten kommt doch viel besser rüber, wie eine Naturgewalt nach der anderen auf Elija einkracht. Der sitzt nicht ruhig in der Höhle und sieht ganz entspannt, wie diese

Dinge, eines nach dem anderen, da auftauchten, sondern rundherum scheint ja die Welt unterzugehen: Sturm, Beben, Feuer! Auf ihn prasseln die größten Gewalten ein, die es in der Natur gibt. Es geht Schlag auf Schlag, ein riesiges Getöse.

Und dann die Stille.

Nach dem Feuer, so haben wir es ja vorhin gehört, kam ein sanftes, leises Säuseln. Auch hier ist die Einheitsübersetzung zu glatt, zu wenig deutlich. Wenn man den alten Text ganz genau übersetzen würde, steht da: Nach dem Feuer: eine Stimme zarter Stille. Es klingt ein bisschen eigenartig und fremd, ich gebe es gern zu, etwas sperrig, aber genau das ist die Stärke dieser Formulierung. Eine Stimme zarter Stille. Der Urtext ist nicht so geglättet, nicht sofort zugänglich wie dieses sanfte, leise Säuseln, dafür inhaltlich stärker. Ich frage Sie: Was ist denn ein sanftes, leises Säuseln? Wenn es in der Wohnung zieht, weil Fenster geöffnet wurden, dann haben wir auch ein sanftes, leises Säuseln. Das wichtige dieser Stelle ist doch: Das ist die Stimme Gottes, eine Stimme zarter Stille. Diese Stille ist die Stimme Gottes.

An diesem Satz haben viele Leute in vielen Jahrhunderten versucht, eine wirklich gute Übersetzung ins Deutsche zu finden. Zwei deutsche Juden, Martin Buber und Franz Rosenzweig, haben vor etwa 70 Jahren die gesamte jüdische Bibel neu übersetzt und für diese Stelle die wohl stärkste Formulierung gefunden, zumindest die Formulierung, die am besten den eigentlichen Sinn des Textes rüberbringt. Sie sprechen eben nicht von einem sanften, leisen Säuseln, sondern von einer *„Stimme verschwebenden Schweigens“*. Erst dieses Riesengetöse, Sturm!, Beben!, Feuer! und dann … „eine Stimme verschwebenden Schweigens“. Die Stille breitet sich langsam aus, es ist eine sich langsam durchsetzende, absolute Ruhe nach diesem Getöse, und diese absolute Stille, die ist nicht nur auf einmal irgendwie da, die hat eine Quelle, einen Ursprung, die kommt aus Gott. Diese Stille, die sich langsam ausbreitet, die sich langsam durchsetzt, ist seine Stimme, eine Stimme verschwebenden Schweigens.

Es gibt in der Bibel viele Beschreibungen Gottes, diese halte ich für eine der besten. Gott wird oft beschrieben als der große Gott, der auf einem Thron sitzt, Engel um ihn, Donnern, Rauch usw. Ich bin mir ziemlich sicher, dass wir diesen Gott so nie wahrnehmen werden, wir werden ihn nie vor unseren Augen auf dem Thron sitzen sehen. Und diese Stelle über Elija, die verrät uns, dass diese Getöse wirklich nur Getöse ist. Dass all die großen Dinge, in denen wir Gott suchen, oder die wir Gott zuschreiben, eigentlich nichts sind im Vergleich zu dem, was er ist. Wir haben schon ganz viel über diesen Gott erfahren, wenn wir erkannt haben, dass unsere Ideen, unsere Bilder von Gott nur Bilder sind, dass unser Sprechen von Gott seinem Schweigen weichen muss. Da, wo unsere Worte versagen müssen, weil sie diesen Gott nie

fassen können, kommt sein Schweigen, sein Schweigen, das wir auch ertragen müssen; sein Schweigen, dass unsere Bilder und unsere Worte von diesem Gott zerstört, weil dieser Gott erst nach den Bildern und nach den Worten kommt.
Elija spricht von einem Gott, der vorüberzieht. Der vorüberzieht. Wir werden diesen Gott nie zu fassen kriegen. Aber vielleicht werden wir hin und wieder merken, wie er vorüberzieht, wie er da ist und schon wieder weg ist, der Gott, der in der Stille des verschwebenden Schweigens spricht, zu uns spricht.

Von Wolf und Lamm (Jes 11,1-10)

„Dann wohnt der Wolf beim Lamm,
der Panther liegt beim Böcklein.
Kalb und Löwe weiden zusammen,
ein kleiner Knabe kann sie hüten."

Eine Vision, ein Traum des Propheten Jesaja. Man könnte auch sagen: Diese Sätze sind eine Utopie, nüchtern betrachtet ein Hirngespinst. Denn kein Mensch wird ernsthaft daran glauben, dass diese Zustände, wie Jesaja sie schildert, irgendwann einmal Wirklichkeit werden. Allein Sätze wie: „Der Löwe frisst Stroh" oder „Man tut nichts Böses mehr", sind Sätze wie sie utopischer und unrealistischer überhaupt nicht sein können. Was soll das also?

1963 hielt Martin Luther King in Washington eine Rede. Es ging um die Rechte von Schwarzen gegenüber den Weißen. In dieser Rede träumt Martin Luther King von einer Welt, in der jeder Mensch nicht nach Hautfarbe oder Nationalität, sondern nach dem Charakter beurteilt wird; er träumt von einer Welt, in der jeder Mensch frei ist, einer Welt, in der jeder Mensch die gleichen Rechte hat. Ein Traum, eine Vision, man könnte sagen: ein Hirngespinst. Jeder Mensch auf der Welt frei, jeder Mensch die gleichen Rechte? Ja, es war ein Traum, ein schöner Traum, aber für diesen Traum haben die Menschen gekämpft! Jeder der Zuhörer damals wusste: Das ist ein Traum, und den werden wir nie erleben. Und trotzdem sind Menschen für diesen Traum ins Gefängnis gegangen, wurden Menschen für diesen Traum erschossen. Und all diese Menschen, diese Träumer, diese Phantasten, die haben etwas von diesem Traum wirklich gemacht, weil sie an diesen Traum geglaubt haben.

Jesaja lebte in einer Zeit, in der das Volk Israel nach vielen brutalen Kriegen besiegt und versklavt worden war. Und denen sagt er: Es wird etwas Neues passieren, ein neuer Trieb wird wachsen, Gott hat mit uns etwas Neues vor; Gott wird mit uns eine neue Welt schaffen, und dann wird es sogar so sein, dass Löwe und Kalb friedlich zusammen sind. Die Zuhörer damals werden genauso gewusst haben wie die Zuhörer von Martin Luther King: Das werden wir nicht erleben! Und trotzdem haben diese Menschen auf diese neue Welt hingearbeitet. Die Menschen haben gesehen: Gott will mit uns eine neue Welt bauen. Und wir wollen auch eine neue Welt. Und deswegen bauen wir uns eine neue Welt, auch wenn wir Löwe und Kalb nicht zusammen weiden sehen.

Diese Menschen damals haben Großartiges geschafft, weil sie eine Vision hatten, einen Traum. Und für diesen Traum, für dieses Hirngespinst haben sie gekämpft.
Was haben *wir* eigentlich für eine Vision?
Für welchen Traum kämpfen *wir*? Wir hier in Deutschland oder wir als Kirche? Ich glaube, wir kranken im Augenblick daran, dass wir keine Vision, keinen Traum haben. Wovon sollten wir träumen? Von einer Welt, in der die Menschen ein erfülltes Leben führen? Schauen Sie nur auf unsere Arbeitslosenquoten! Von einer friedlichen Welt? Schauen Sie nur auf den Nahen Osten! Von einer christlichen Welt? Schauen Sie, wie erfolgreich das Christentum zurzeit ist!

Wir brauchen Visionen! Ohne Visionen würden wir Menschen noch auf den Bäumen hausen; die Menschen haben dann wirklich Großes geschaffen, wenn sie einen Traum hatten. Wir brauchen Träume, damit wir irgendwie wieder aktiv werden, wir brauchen Visionen als Menschen, wir brauchen Visionen als Christen! Und diese Vision, die brauchen wir gerade heute, wo wir sehen müssen, dass ein bestimmtes Bild von Kirche, an das wir uns alle gewöhnt haben, in die Brüche geht. Wir sehen, wie vieles in der Kirche untergeht, wie die Kirchen leerer werden, wie die Finanzen zusammenbrechen, wie Gemeinden geschlossen werden.
Wir brauchen eine Vision, einen Traum vom Christentum, damit wir nicht immer nur auf das schauen, was kaputt geht, sondern auch mal auf das, was wachsen kann, mit uns wachsen kann, mit uns wachsen muss. Wir brauchen Visionen, damit wir nicht dem hinterhertrauern, was einmal war, sondern dem hinterjagen, was sein soll. Wir müssen mal wieder anfangen zu träumen, und wir müssen anfangen, den Menschen von unseren Träumen zu erzählen, davon, dass wir von einer Welt träumen, die gerechter ist, einer Welt, die irgendwie christlicher ist.

Christus hatte eine Botschaft: das Reich Gottes.
Reich Gottes heißt: Diese Welt muss immer neu zu einem Ort Gottes werden, einem Ort, wo man sieht: hier ist Gott. Das war der Traum Jesu. Und das muss wieder unser Traum werden: dass wir diese Welt zu einem Ort Gottes machen, dass Gott in dieser Welt vorkommt, weil er in unserem Leben vorkommt.
Gott kommt in die Welt. Das ist das, was wir an Weihnachten feiern. Gott kommt in die Welt. Träumen wir davon, dass Gott in unsere Welt kommt, vielleicht werden wir staunen, wie viele Wölfe und Lämmer auf einmal friedlich zusammen leben.

Das Martyrium der sieben Brüder (2 Makk 7)

Ich vermute, dass Sie die heutige Lesung mit einer gewissen Aufmerksamkeit verfolgt haben. Das ist ja nicht selbstverständlich, aber wenn man von so einem Gemetzel hört wie in der Lesung gerade: man hört zu, und sei es nur aus Empörung, dass so ein Text hier überhaupt vorgetragen wird. Es ist die Beschreibung, wie eine Mutter mit ihren sieben Söhnen zusammen einen grausamen Tod sterben muss. Es ist ein Gemetzel, und die schlimmsten Stellen sind schon herausgeschnitten. Nach diesem Text heißt es wie sonst auch: „Wort des lebendigen Gottes". Viele von Ihnen werden jetzt denken: so ein Massaker, warum steht das in der Bibel? Und warum muss ich mir das in der Kirche anhören?
Erst einmal: auch dieser Text gehört zur Bibel! In der Bibel stehen nicht nur Geschichten, wie irgendwelche Blinde geheilt werden oder dass alle ins Paradies kommen. So ein Text führt uns zur Frage: Was ist die Bibel eigentlich?

Die Bibel ist ein historisches Buch, entstanden vor ein paar Tausend Jahren. Dieses Buch erzählt Geschichte, die Geschichte des Volkes Israel mit seinem Gott. Und diese Geschichte, die war von Höhen und Tiefen geprägt. Das Volk Israel hat seine Geschichte mit Gott aufgeschrieben, mit all dem, wo Gott seinem Volk beigestanden hat, aber eben auch mit all den Grausamkeiten, die Menschen für diesen Gott oder sogar an diesem erleiden mussten.
Wenn Sie von Ihrem Leben berichten würden: welchen Wert hätte dieser Bericht, wie realistisch wäre dieser Bericht, wenn Sie nur von den tollen Dingen berichten, aber die unschönen Situationen weglassen? Welchen Wert hätte ein Bericht über das Leben eines

Volkes, das sich mit Gott verbunden weiß, wenn es nur von den schönen Dingen erzählt, von Friede, Freude, Eierkuchen?

Warum wurde dieser Text verfasst? Er wurde nicht verfasst, um irgendeine Art von Sensationsgier zu befriedigen oder ein Horrormärchen zu erzählen. Der Autor hat diesen Text aus zwei Gründen verfasst: er wollte zum einen sagen: das ist wirklich geschehen! In *dem* Jahr, unter *dem* König ist das *so* geschehen! Er wollte berichten von einer historischen Tatsache. Und zum anderen wollte er sagen: diese Menschen sind *für Gott* gestorben. Da gab es Menschen, die haben so fest an Gott geglaubt, dass sie für diesen Gott in den Tod gegangen sind. Der Autor schrieb das in einer Zeit, in der viele Menschen Angst hatten und verfolgt wurden. Und denen wollte er sagen: Habt Mut, glaubt an Gott, glaubt daran, dass er euch neues Leben schenkt!

Vielleicht ist es Gold wert, dass dieser Text auftaucht in den Sonntagslesungen. Weil er uns fragen lässt: was ist eigentlich die Bibel und wie gehe ich mit der Bibel um? Streiche ich jetzt alle Stellen, die uns heute nicht mehr passen? Streiche ich all die Stellen, die nicht mehr mit unserem heutigen Weltbild konform sind?

Da gibt es ja zum Beispiel Stellen, bei denen sich viele Lektoren fast gar nicht mehr trauen, die vorzulesen. Zum Beispiel die Stelle im 1. Korintherbrief bei Paulus: Die Frau schweige in der Gemeinde!

All das lässt uns fragen: Was ist eigentlich die Bibel und wie gehe ich mit ihr um? Diese Stelle über die Frau in der Gemeinde ist vielleicht die beste, um das noch einmal zu hinterfragen. Wenn ich so eine Stelle höre, wie mit dem Gemetzel oder wie mit der Frau: ich muss die ja nicht toll finden, ich muss ja nicht denken, die ist richtig. Aber ich muss mich doch zumindest fragen: Was steckt eigentlich dahinter? Warum erzählt einer von diesem Gemetzel? Warum sagt Paulus das über die Frauen? Dann kann ich hinterher ja immer noch sagen: Ich bin anderer Meinung. In der Bibel kann uns nicht jeder Satz und jedes Wort etwas bringen. Die einzelnen Bücher der Bibel sind von Menschen geschrieben, von Menschen, die sich in einer sehr engen Beziehung zu Gott sahen. Aus dieser engen Beziehung zu Gott heraus, aus ihrem Glauben heraus haben sie diese Dinge aufgeschrieben. Da sind viele Dinge, von denen wir heute sagen: Das geht so nicht! Aber gibt uns das das Recht, diese Dinge zu streichen? Diese Menschen damals waren Menschen wie wir heute. Mit den gleichen Nöten und Ängsten, mit den gleichen Fragen an ihren Gott und an ihr Leben. Die Antworten dieser Menschen sind vielleicht andere, die Fragen sind die gleichen. Und das macht diese uralten Texte für uns so wichtig: Es sind vielleicht andere Antworten, aber die Fragen dieser Menschen sind die gleichen.

Deshalb müssen wir nicht toll finden, wie Leute umgebracht werden oder was Paulus über die Frauen schreibt. Aber vielleicht kann uns selbst das helfen, noch einmal über unsere Antworten nachzudenken. Und genau das macht dieses alte Buch, die Bibel, so wertvoll.

Gott sehen (Jes 6,1-8)

Es ist ein sehr eindrucksvoller Text, die Beschreibung einer Vision, die Beschreibung des Jesaja, als er Gott gesehen hat. Dieser Text übt bis heute doch eine gewisse Faszination aus. Einerseits finden wir den Text vielleicht etwas eigenartig, da hat einer eine Vision. Das ist ja schon ein bisschen komisch.

Der amerikanische Psychologe William James schilderte in den 80er Jahren folgenden Fall: Ein Patient, der in einer Petroleumfabrik arbeitete, stellte fest, dass er bei einer Operation bei der Betäubung mit Lachgas kurz bevor er in einen Dämmerzustand fiel - also kurz vor der eigentlichen Betäubung - das Geheimnis des Universums gesehen habe, den Ursprung des Weltalls. Aber er wusste nicht mehr genau, was das war, er konnte sich nicht mehr genau erinnern. Also ließ er sich noch einmal mit Lachgas betäuben. Er sah schon wieder dieses Geheimnis, aber er konnte es wieder nicht beschreiben.

Dann ließ er sich wieder betäuben, ließ sich aber Zettel und Stift neben das Bett legen, und als er jetzt wieder dieses Geheimnis sah, schrieb er das mit letzter Kraft auf diesen Zettel, bevor er wegdämmerte.

Als er dann aus der Betäubung erwachte, schaute er natürlich sofort auf den Zettel. Und auf dem stand: „Alles riecht durchdringend nach Petroleum."

Diese Erzählung von einem Patienten des William James zeigt schon: Vorsicht bei solchen Visionen! Und das haben wir ja auch im Hinterkopf, wenn wir so etwas wie von Jesaja hören. Andererseits: es interessiert uns. Schließlich wollen wir ja wissen, wie Gott aussieht, oder was das ist, dieser Gott. Und Jesaja sagt: Ich habe den Herrn gesehen.

Jesaja erzählt genau, wie es war. Und wir hören von ganz merkwürdigen Dingen: Er berichtet von einem Thron, vom Gewand Gottes, von einer Halle, von Engeln, von Rauch. Es ist sofort klar: das, was beschrieben wird, ist die Herrlichkeit Gottes, Gott erscheint in all seiner erhabenen Pracht und Schönheit. Diese Herrlichkeit Gottes wird mit aller Deutlichkeit, mit allen damals zur Verfügung stehenden Bildern beschrieben. *Nicht* beschrieben aber wird das, was uns am meisten interessieren würde: Gott selbst.

Jesaja ist nicht in der Lage, ihn zu beschreiben, obwohl oder gerade *weil* er ihn gesehen hat. Gott ist unbeschreibbar, unfassbar. Jesaja versucht mit stärksten Bildern etwas über die Herrlichkeit Gottes zu sagen ... und kann trotzdem nicht sagen, wie Gott selbst ist. Alle menschlichen Worte, alle menschliche Vorstellungskraft versagt hier, muss hier versagen, so sehr wir uns auch anstrengen. Es geht nicht.
Ein Beispiel: Thomas von Aquin. Thomas lebte im 13. Jahrhundert und gilt als einer der größten Theologen der Geschichte. In seinem Leben hat er meterweise Bücher über Gott geschrieben, bis heute gehören diese Bücher zu den bedeutendsten, die es in der Theologie gibt. Im Alter von 48 Jahren hatte Thomas eine Vision, er *sah* Gott, genauso wie Jesaja. Und von dieser Stunde an war nichts mehr wie früher. Thomas beschrieb das so: All das, was ich in meinem Leben geschrieben habe, all das ist nur Stroh, ist ein Nichts. Und bis zu seinem Tod hat er keinen Satz mehr über Gott geschrieben, es ging einfach nicht mehr.
Thomas hat genauso wie Jesaja erkannt: Wir können die prächtigsten Bilder benutzen, wir können meterweise Bücher über Gott schreiben, Gott bleibt etwas, das wir letztlich nicht beschreiben können.

Ich halte diese Vision des Jesaja für eine der wichtigsten Stellen überhaupt in der Bibel, die uns unglaublich viel über Gott und über sein Wesen verraten kann. Und zwar deshalb: Jesaja beschreibt nicht Gott selbst, aber er beschreibt, wie Gott auf ihn gewirkt hat.
Wir werden nie in der Lage sein, Gott selbst zu beschreiben. Aber wir können in der Lage sein, das zu beschreiben, wie Gott auf uns wirkt, wie Gott auf uns einwirkt. Wir wissen nicht, wie Gott aussieht. Aber wenn wir der Überzeugung sind, dass es ihn gibt, dass es etwas gibt, das diese ganze Welt zusammenhält, dass es etwas gibt, was der Ursprung von allem ist, dann wirkt das auf uns, dann verändert das uns, dann verändert Gott uns.

Jesaja, Thomas von Aquin und wie sie alle hießen: die haben zugleich nichts und alles erkannt. Nichts, weil sie nicht in der Lage waren, Gott zu beschreiben. Alles, weil sie erkannt haben, dass dieser unbeschreibbare Gott da ist, und dass er an ihnen handelt. Gott hat sich selbst einen Namen gegeben: er hat nicht gesagt: Ich bin der Große, ich bin der Mächtige, ich bin der Schöpfer. Er hat gesagt: Ich bin der „Ich bin da". Und dieses „Ich bin da" Gottes wahrzunehmen, ist die größte Aufgabe, die wir Menschen in unserem Leben haben. Und ich wünsche uns allen, dass es uns gelingen wird, dieser Aufgabe und damit unserem Leben gerecht zu werden.

„Nun mache ich etwas Neues – merkt ihr es nicht?“ (Jes 43,16-21)

„Früher war alles besser.“ -Früher gab es weniger Arbeitslose, es gab weniger Kriminelle, weniger Verbrechen. Früher haben die Menschen an Gott geglaubt, früher waren die Kirchen voll, früher gab es genug Priester. „Früher war alles besser.“ Diesen Satz hört man doch recht oft. Natürlich *wissen* wir, dass früher nicht *alles besser* war. – Und *trotzdem* hört man diesen Satz. Da schwingt viel Wehmut mit an vergangene Zeiten, aber sicherlich auch viel Trauer, viel Resignation über das, was heute ist, über das, was heute unterzugehen scheint … und ja auch wirklich untergeht. Kirche ist in einem erbärmlichen Zustand. Das macht die Erinnerung an früher vielleicht umso schmerzhafter.

Früher waren die Kirchen voll. Heutzutage müssen wir sehen, wie sie immer leerer werden, wie die einzelnen Gemeinden immer kleiner werden oder sogar aufgelöst werden, wie Kirchen nicht nur leer werden, sondern vielleicht sogar abgerissen werden. Wir werden unsicher. Wir fragen uns: Wie wird die Kirche in 20, in 50 Jahren aussehen, wenn es noch weiter bergab geht. Untergangsstimmung macht sich breit. Und dann hören wir den Satz, den ich für einen der weisesten der Bibel halte: *„Denkt nicht mehr an das, was früher war, auf das, was vergangen ist, sollt ihr nicht achten.“* Der das ausspricht, ist der Prophet Jesaja, in dem Text, den wir vorhin in der ersten Lesung gehört haben. *„Denkt nicht mehr an das, was früher war.“* Das sprach der Prophet Jesaja in einer Situation aus, die der unsrigen heute in vielen Punkten ähnlich ist. Israel befand sich zu dieser Zeit im Exil, in Babylon. Die Städte zu Hause, in der Heimat, waren zerstört, das Volk zwangsumgesiedelt. Auch da war „früher alles besser“. Auch da war die Frage: Wie geht es weiter? Geht es überhaupt weiter? Was passiert mit uns?

In diese Lage hinein, in diesen absoluten Frust hinein, sagt der Prophet Jesaja: *„Denkt nicht mehr an das, was früher war.“* Damit wollte Jesaja nicht all das Geschehene, all das, was vorher war, auslöschen. Aber Jesaja wollte sein Volk daran erinnern, dass das Vergangene, bei aller Wichtigkeit, auch den Blick für das Gegenwärtige trüben kann. *„Denkt nicht mehr an das, was früher war.“* Und dann spricht Gott: *„Seht her, nun mache ich etwas Neues.“*

Gott sagt den Israeliten damals genauso wie uns heute: Schaut nicht in die Vergangenheit, denn ihr lebt nicht in der Vergangenheit. Schaut auf die Gegenwart, auf das, was *jetzt* passiert, auf das, was ich *jetzt* mit euch mache! Gott hat eine Geschichte, eine Geschichte mit uns Menschen. Und diese Geschichte hat nicht aufgehört, sondern sie geht weiter, auch heute,

auch mit uns. Gott spricht auch heute zu uns. *„Seht her, nun mache ich etwas Neues"* - und dann heißt es: *„Schon kommt es zum Vorschein, merkt ihr es nicht?"*
Das Zweite Vatikanische Konzil hat betont, dass es zur Aufgabe der Kirche gehört, zur Pflicht der Kirche, die „Zeichen der Zeit" zu sehen und zu deuten. Was sind die Zeichen der Zeit? Man kann lange darüber nachdenken, was denn genau mit diesen Zeichen der Zeit gemeint sein soll, aber es muss deutlich sein: es geht nicht darum, irgendwelche Zustände schönzureden, weder die Zustände damals noch die heute. Es geht nicht darum, zu behaupten, alles wird wieder gut, wenn wir modern sind. Es geht auch nicht darum, all das zu vergessen oder zu missachten, was 2000 Jahre Geschichte des Christentums hervorgebracht haben. Nicht alles Alte ist schlecht, und nicht alles Neue ist gut. Es geht darum, die Vergangenheit zu sehen, aber nicht zu verklären. Es geht darum, darauf zu achten, was Gott mit uns heute macht, was Gott mit uns heute vorhat, was Gott uns heute in unserer Situation sagen will. Schließlich leben wir heute.
Im Glauben geht es um Begegnung mit Gott. Und Glaube bleibt dann lebendig, wenn wir Gott in unserem Heute begegnen. Es geht darum, zu sehen, dass Gott keiner ist, der vor 3000 Jahren irgendein Volk durch die Wüste führte oder vor 2000 Jahren Mensch wurde und seitdem nicht mehr da ist. Es geht nicht um einen Gott der Vergangenheit, der nur an Menschen damals gehandelt hat, sondern um einen Gott der Gegenwart, der auch an uns handeln will, an jedem von uns.
Es stimmt, die Kirchen damals waren voller, die Kirche war in der Gesellschaft anerkannt, es gab genug Priester, die Leute waren fromm. Das stimmt, das war so. Und heute ist es nicht mehr so. Nun gibt es für uns genau zwei Möglichkeiten: Zum einen können wir dem hinterhertrauern, was einmal war. Das einzig mögliche Ergebnis: großer Frust. Und dieser Frust wird weder die glücklich machen, die in die Kirche gehen, noch wird er die anderen dazu bewegen, einmal wieder in die Kirche zu gehen.
Die andere Möglichkeit ist die: Gott in der Gegenwart, Gott jetzt zu sehen, zu spüren, dass Gott auch heute da ist. Und wenn wir spüren, wie Gott uns auch heute ergreifen kann, wie Gott auch heute etwas *mit uns* will, dann werden wir genauso durch diese Wüste und durch diese Krise kommen wie Israel damals. Wenn wir uns nicht nur daran erinnern, was Gott einmal getan *hat,* sondern wenn wir spüren, was er heute tun - was er *mit uns* tun kann, dann werden wir sehen, wie unser Glaube, wie unser Leben neu wird, neue Kraft bekommt. Die Quelle, die uns Kraft gibt, die Quelle, aus der wir trinken, ist nicht eine gutgefüllte Kirche von gestern, sondern der lebendige Gott, der auch heute zu uns spricht, der uns auch heute packen kann. Und ich wünsche uns, dass wir uns auch von diesem Gott packen lassen. Denn wer nur

in die Vergangenheit schaut, lebt auch in der Vergangenheit. Nur wer auf das Heute schaut, hat auch eine Chance auf das Morgen. Gott muss unser Heute sein. Dann werden wir mit ihm auch das Morgen sehen.

Gottes Wort wirkt immer! (Jes 55,10-11/ Mt 13,1-23)

Es gab Reden, die den Lauf der Welt verändert haben, große Reden, die es geschafft haben, das Gefühl ihrer Zeit aufzugreifen und in eine Vision zu kleiden, ein Bild zu entwerfen, das viele Menschen berührt hat und das vielen Menschen half, ihrem Leben eine neue Motivation zu geben. Keiner, der vor einigen Jahrzehnten die berühmte Rede von Martin Luther King über seinen Traum gehört hat, wird sie je vergessen. Oder Kennedys Rede in Berlin über die Freiheit. Eine wirklich große Rede schafft es, ein irgendwie bei den Leuten vorhandenes Gefühl auszusprechen, etwas ins Wort zu bringen, das die Leute ganz verschwommen in sich spüren, dieses Gefühl zu konzentrieren und daraus eine Zukunft zu entwickeln, eine Vision.

In den beiden biblischen Texten, die wir gerade hörten, ging es um etwas Ähnliches, wenn man so will, auch um eine Rede: um das Wort Gottes, darum, wie dieses Wort auf die Menschen wirkt, was es in den Menschen auslöst.
Der eine Text, das Evangelium, wird den meisten zur Genüge bekannt sein. Das Wort Gottes, als Samen, das auf die verschiedenen Böden fällt, das Wort, das mal angenommen wird und mal nicht.
Etwas interessanter, weil auch unbekannter, ist da vielleicht der Text aus dem alten Testament, ein Text des Propheten Jesaja. Das Spannende: dieser Text hat eine völlig andere Aussage als das Evangelium, ich finde sogar: eine größere Aussage. Das Evangelium sagt: das Wort Gottes kommt mal an und mal nicht. Mal kann es wirken und mal nicht. Der Text des Jesaja sagt: Gottes Wort wirkt immer! Jesaja vergleicht das Wort Gottes mit einem Regen. Der fällt runter, der kann nicht mehr zurück; der fällt runter und da unten am Boden macht der etwas. Und dann wird Gott zitiert: *„So ist es auch mit dem Wort, das meinen Mund verlässt: Es kehrt nicht leer zu mir zurück, sondern bewirkt, was ich will, und erreicht all das, wozu ich es ausgesandt habe."* Gottes Wort wirkt immer.

Denken Sie zurück an die Grundprinzipien einer großen Rede. Eine große Rede fasst etwas zusammen, was da ist, und entwickelt daraus das Neue, die Vision. Eine große Rede sieht das, was da ist, was in den Menschen drin ist, und kann daraus die Zukunft bauen, in den Menschen etwas bewirken, dass sie etwas verändern wollen, damit diese Zukunft eintritt. Um nichts anderes geht es beim Wort Gottes. Dieses Wort Gottes, wo auch immer wir es hören, in der Bibel, in der Kirche, im Gebet, wo auch immer: dieses Wort Gottes will uns verändern, will etwas in uns bewirken, will uns die Kraft geben, eine bestimmte Zukunft zu bauen. Es ist das Prinzip einer großen Rede: Beschreibe, was im Menschen drin ist, beschreibe, was die Menschen wollen, und zeige ihnen eine Welt, eine neue Welt, in der das Wirklichkeit wird. Das Wort Gottes beschreibt, was in uns drin ist, der Wunsch nach Frieden, nach Erlösung, nach sinnvollem Leben. Und das Wort Gottes zeigt eine neue Welt, eine Vision, in der das Wirklichkeit wird und es macht die Aussage: das, was ihr euch wünscht, was ihr euch ersehnt: das wird mit Gott Wirklichkeit.

Das Wort Gottes ist da erfolgreich, wo es an diese Sehnsucht anknüpft. Gottes Wort wirkt immer, so der Prophet Jesaja. Eine ungeheuer große Aussage. Gottes Wort wirkt immer, weil es nicht nur eine Antwort auf eine kleine Frage, sondern auf DIE Frage unseres Lebens ist. Gottes Wort wirkt immer. Das heißt nicht, dass jeder, der es mal hört, alles stehen und liegen lässt und ihm hinterherjagt. „Gottes Wort wirkt immer“ heißt, dass es da all seine Kraft entfalten kann, wo Menschen sich DIE Frage ihres Lebens stellen, dass es eine ungeheure Kraft entfalten kann, wo Menschen ihrem Leben und seinem Sinn auf die Spur kommen wollen. Wenn Jesaja sagt, dass Gottes Wort wirkt, dann will er damit sagen, dass das, was wir von Gott wahrnehmen, das Leben der Menschen verändern kann, und dass dieses Wort bereits in uns drin ist, dass etwas von Gott bereits in jedem Menschen drin ist. „Gottes Wort wirkt immer“ heißt, dass es aus sich heraus eine Dynamik hat, die Leben verändern kann, die ein Leben auf den Kopf stellen kann – unser Leben.

Das Ringen Gottes um die Welt (Ez 33,7-9)

Dieser Text aus dem Buch Ezechiel wirkt für uns heute sehr fremdartig, weil er Grausamkeiten schildert und zwar Grausamkeiten von Gott oder Grausamkeiten, die zumindest in seinem Auftrag geschehen. *„Von dir fordere ich Rechenschaft für sein Blut.“ „Der Schuldige wird wegen seiner Sünden sterben“* usw. Solche Stellen werden heute als nicht mehr zeitgemäß abgelehnt, sie scheinen Relikt einer rohen und gewalttätigen Zeit zu sein, die weit zurückliegt. Ich will jetzt gar nicht darüber nachdenken, ob die damaligen

Zeiten vor 2000 oder 3000 Jahren wirklich grausamer waren als unsere Zeit heute, aber es ist vielleicht nicht uninteressant, was für ein Denken dahinter steckt, ein Denken, das nicht nur antik ist.

Wir sind es ja heute gewöhnt, in einer Welt zu leben, die von uns Menschen beherrscht wird. An dieses Denken wird hin und wieder gekratzt, wenn mal wieder eine Naturkatastrophe irgendwo auf der Erde zuschlägt, aber unterm Strich sind wir uns doch relativ sicher, die Welt und die Natur einigermaßen im Griff zu haben. Das war natürlich vor 2000 Jahren anders. Der Mensch nahm seine Umwelt als einen dauernden Kampf wahr, in dem er sich behaupten musste, ja noch mehr: die Welt selbst war für ihn ein Kampf, die von Gott geschaffene Welt war immer bedroht von Zerstörung, von anderen Gottheiten, von den Gewalten, die in der Natur auftauchen und die die Welt zerstören wollen. Deshalb war es sehr wichtig, dass der Gott, der die Welt geschaffen hat, diese Welt auch in ihrem Bestand erhält, immer wieder gegen den Untergang der Welt kämpft und sie gegen die bösen Mächte verteidigt. Gott war Garant für die Weltordnung, dafür, dass die Welt funktioniert und lebt. Und die Gesetze, die Gott den Menschen gegeben hat, die dienten dieser Weltordnung, die sind aus dieser Weltordnung entstanden, so der Glaube der Menschen damals. Deshalb gab es noch keine Trennung zwischen Gesellschaft und Religion. Heißt: ein Verstoß gegen die Gesetze, gegen die Gesellschaft, war immer auch ein Verstoß gegen Gott selbst und damit auch gegen den gesamten Kosmos, den er geschaffen hat. Die gesamte Welt war für die Menschen damals Weltordnung Gottes. Und jeder Verstoß gegen diese Weltordnung musste mit dem Tod geahndet werden, damit diese Weltordnung – und mit ihr die Gesellschaft - weiterexistieren kann. Nur so sind diese Grausamkeiten erklärbar in den damaligen Kulturen. Wenn ein Mensch schwer sündigte, z.B. einen anderen Menschen tötete, dann musste er selbst getötet werden, damit die göttliche Ordnung wiederhergestellt ist und die Welt in ihrem Bestand gesichert ist. Und wenn das nicht ging, dann musste eben Gott selbst grausam einschreiten.
Dieses Denken gab es – mehr oder weniger intensiv – in allen damaligen Kulturen. Hier liegt z. B. die Ursache für die grausame Christenverfolgung im römischen Reich: die Christen weigerten sich, die römischen Staatsgötter zu verehren. Damit – so der Glaube der Römer – störten die Christen den Bestand des römischen Reiches und mussten vernichtet werden. Dieses Denken war aber auch Teil des Christentums. Wie sonst sind solche Dinge wie Hexenverbrennungen oder Inquisition denkbar? Diese Menschen waren - so die Christen damals – eine tödliche Störung der christlichen Weltordnung. Um diese Weltordnung zu erhalten, mussten Andersgläubige sterben, weil sie eine Bedrohung waren. Dieses Denken

verschwand dann in Europa im Laufe der Jahrhunderte, mit dem zunehmenden Wissen um die Naturgesetze, aber auch mit schwindenden Glauben daran, dass Gott es ist, der diese Welt in ihrem Bestand erhält.

Diese uralte Denken an die göttliche Weltordnung und eine manchmal grausame Notwendigkeit, diese Weltordnung auch zu erhalten, ist heute in Europa weitestgehend verflogen, aber es war in unserer Vergangenheit, auch in unserer christlichen Vergangenheit sehr präsent. Und es macht all die Grausamkeiten irgendwie verstehbar, weil sie sonst völlig unverständlich wären. Es entschuldigt sie nicht, und es ist gut, dass diese Dinge überwunden sind, aber sie werden zumindest verständlich.

Es ist gut, dass diese grausamen Dinge überwunden sind – zumindest im Christentum. Trotzdem gibt es in dieser uralten menschlichen Grundhaltung auch etwas, das für uns heute einen wirklichen Verlust bedeutet. Der Mensch früherer Zeiten glaube an die Einheit von Gesellschaft und Religion. Die kann und soll man nicht wiederherstellen, aber unser Glaube an eine völlige Trennung, an eine völlige Privatisierung von Religion führt zu einer Isolierung von Religion und Kirche. Mal ganz abgesehen davon, dass Religion natürlich auch heute Bedeutung in der Gesellschaft hat und auch haben muss.

Die Menschen damals hatten einen festen Glauben daran, dass Gott überall in der Welt präsent ist und dass sein göttliches Leben jeden Tag neu in dieser Welt geboren wird, unter allen Gefahren, in einer ständigen Bedrohung, aber das war klar: es ist göttliches Leben, das diese Welt möglich macht. Aus dieser uralten Grundhaltung könnte auch der moderne Mensch wieder lernen, dass nicht *er* der Herr dieser Welt ist. Auch wenn es manchmal so aussieht. Wir werden diese Welt nie beherrschen, noch werden wir jemals in der Lage sein, wirklich alles in dieser Welt komplett zu begreifen.

Neben einer neuen menschlichen Bescheidenheit könnten wir eine weitere Sache vielleicht wieder neu lernen: ein Gefühl für die Größe und Schönheit dieser Welt und ein Gefühl für die Größe und Schönheit Gottes, der diese Welt geschaffen hat. So etwas lässt sich nicht auf Knopfdruck herstellen. Aber es täte uns als Mensch, als Menschheit und auch unserer Welt vielleicht ganz gut, wieder mit solchen Augen auf die Welt zu blicken, auf eine Welt, die von Gott geschaffen ist - als Menschen, die von Gott geschaffen sind.

„Können diese Knochen wieder lebendig werden?“ (Ez 37,1-14)

Der Text aus dem Buch Ezechiel hat durchaus einen etwas schaurigen Grundton. Der Prophet wird von der Hand des Herrn auf ein Feld geführt, wohl ein altes Schlachtfeld. Dieses Feld ist übersät mit Knochen, mit ausgetrockneten Gebeinen. *„Können diese Gebeine wieder lebendig werden?“* fragt Gott. Dann ein ganz eigenartiger Auftrag. Diesen armseligen menschlichen Resten soll der Prophet sagen: *„So spricht der Herr. Ich selbst bringe Geist in euch, dann werdet ihr lebendig. Ich spanne Sehnen über euch und umgebe euch mit Fleisch; ich überziehe euch mit Haut.“* Eine fast makabre Zeremonie, wenn man sich einmal vorstellt, wie ein Mann zu einem Feld voller Skelette spricht.

Vielleicht werden Sie erstaunt sein, wenn ich Ihnen sage, dass es in diesem Text eigentlich gar nicht um Tod und Auferstehung geht, zumindest nicht um Tod und Auferstehung des einzelnen Menschen. Es geht um Tod und Auferstehung des Volkes Israel. Der Prophet Ezechiel lebte zur Zeit des Exils in Babylon. Und da war das Volk Israel tot, verloren in der Fremde, unterdrückt. *„Menschensohn“*, spricht Gott, *„diese Gebeine sind das Volk Israel. Ich aber, ich hole euch aus euren Gräbern heraus und führe euch zurück in das Land Israel. Ich mache euch lebendig.“* Das, was in euch tot war, werde ich wieder zum Leben erwecken, so die Verheißung an das Volk Israel. Ihr seid so tot wie ein Feld voller Knochen, aber er wird euch lebendig machen.

Das, was diese Vision aber bis heute so faszinierend macht, ist aber nicht der Appell an Israel, so gelungen er auch ist, sondern ist die Beschreibung der Auferstehung der Toten, ist die plastische Beschreibung, wie aus irgendwelchen Knochen und Skeletten wieder Menschen werden, so als würde ein Film rückwärtslaufen. Was hätten wir geantwortet, wenn uns jemand inmitten der Knochen gefragt hätte: *„Glaubst du, dass diese Knochen wieder lebendig werden?“*

In Rom an der Via Veneto gibt es eine Kirche mit dem Namen Santa Maria della Concezione. Diese Kirche wird von Kapuzinermönchen betreut. Unter der Kirche befindet sich eine Krypta; diese Krypta hat fünf Räume, die hintereinander liegen. In diesen Räumen sind die Skelette von insgesamt 4000 Kapuzinermönchen aus dem 16. und 17. Jahrhundert. Die Skelette sind komplett an den Wänden angebracht oder eben zur Verzierung verarbeitet, Säulen aus Schenkelknochen, Kronleuchter aus Armknochen usw. Man geht durch diese Räume hindurch und sieht überall Knochen und Skelette. Im letzten Raum schließlich ist eine

Tafel angebracht, inmitten von Skeletten. Auf dieser Tafel steht geschrieben: *„Was du bist, sind wir gewesen - was wir sind, wirst du sein."*

Ich brauche ihnen wohl nicht zu sagen, was man empfindet, wenn man bei diesem Satz von einem Skelett angegrinst wird. *„Was du bist, sind wir gewesen, - was wir sind, wirst du sein."*

Das, was diese Mönche getan haben, ist heute undenkbar und widerspricht unseren Gefühlen gegenüber dem Tod vielleicht so deutlich, dass wir es als pietätlos empfinden. Und doch zeigt es einen Umgang mit dem Tod, ein Todesbewusstsein, das man nicht teilen muss, das aber immerhin beachtenswert ist.

„Menschensohn, können diese Knochen wieder lebendig werden?" Diese Krypta ist morbide und makaber, genauso makaber wie die Bibelstelle, die wir gehört haben. Beides kokettiert, spielt mit dem Tod. Und es wirkt gerade deshalb so schockierend, weil der Tod sonst Tabuthema ist. Aber es geht bei Ezechiel und in der Krypta in Rom nicht darum, den Tod nicht ernst zu nehmen, oder andere zu erschrecken. Es geht auch nicht um die Frage, ob die Leiber, die wir beerdigen, so wie sie sind, wieder lebendig werden. Sondern uns wird ganz brutal und völlig ungeschminkt die Frage gestellt: Was glaubst du, kommt nach dem Tod? Kommt danach etwas? Oder ist in der Sterbestunde alles zu Ende? Was macht das mit uns, genau zu wissen, dass sich in hundert Jahren kein Mensch mehr an uns erinnern kann, als hätte es uns nie gegeben? *„Menschensohn, können diese Knochen wieder lebendig werden?"*

Diese Frage ist eine der wichtigsten in unserem Leben überhaupt: Ob wir glauben, dass mit unserem Tod alles vorbei ist oder ob wir glauben, dass auch nach dem Tod etwas kommt, dass unsere Existenz nicht restlos vernichtet ist. Gott hat dem Ezechiel gesagt: Ich mache euch lebendig, dann werdet ihr mich erkennen. In diesem Satz steckt viel Weisheit. Denn je mehr wir von Gott erkennen, je mehr wir von seiner Liebe zu uns und von seiner unvorstellbaren Lebenskraft erkennen, desto mehr werden wir sehen, dass uns diese Lebenskraft trägt, auch über den Tod hinaus.

Auch dann bleibt Angst vor dem Tod, über den wir jetzt nicht hinausblicken können. Aber dann vertrauen wir der Stimme, die uns sagt: *„Ich öffne eure Gräber und hole euch heraus. Ich hauche euch meinen Geist ein, dann werdet ihr lebendig."*

Die Weisheit (Spr 9,1-6)

Es ist der 27. Dezember 537, Byzanz, das neue Rom am Bosporus. Die ganze Stadt ist festlich geschmückt, die neue Hauptkirche des Reiches soll eingeweiht werden. Weihrauch liegt in der Luft, alles scheint zu vibrieren, die 62 großen Glocken der Kirche lassen alles erzittern. Die Prozession der Würdenträger erreicht die Kirche, schließlich kommt der Kaiser selbst, Justinian, gekleidet in schwere Gewänder aus Goldbrokat, umgeben von seinem Hofstaat. Der Kaiser ist es, der diese Kirche hat bauen lassen. Langsam schreitet er in die Kirche, schaut in diesen riesigen Raum, der sich vor ihm auftut, blickt nach oben in die goldene Kuppel, die größte, die je gebaut wurde, eine riesige Kuppe, die im Himmel zu schweben scheint. Es sieht so aus, aus würde sich ein Himmel aus Gold auf die Erde herabsenken. Der Kaiser denkt an den alten Tempel in Jerusalem, den Tempel Salomos, den Ort, wo Gott wohnte. Justinian hält inne, blickt noch einmal nach oben und sagt mit bedeutungsschwerer Stimme: „Salomo, ich habe dich übertroffen!"

Diese Kirche ist die Hagia Sophia, die Kirche der Heiligen Weisheit im heutigen Istanbul. Diese Kirche war 1000 Jahre lang die größte und schönste Kirche der Christenheit, die Hauptkirche des östlichen Christentums. Vielleicht fragen Sie sich, warum man eine Kirche überhaupt „Heilige Weisheit" nennen kann. Die Ursprünge dafür sind in dem Text aus dem Alten Testament zu suchen, den wir vorhin gehört haben, einem etwas eigenartigen Text. Da war von einer Weisheit die Rede, von einer Frau mit dem Namen Weisheit, die ein Haus gebaut hat, ein Haus auf sieben Säulen und die die Menschen zu einem Festmahl einlädt. Die Weisheit, die uns einlädt.

Auf uns wirkt dieses Sprechen einer Frau Weisheit mehr als befremdlich. Die Juden in der Spätzeit des Alten Testaments lebten in einer sehr harten Zeit, auf den ersten Blick hielt diese Welt nicht viel Schönes für sie bereit. Aber aufgrund ihres Glaubens an Gott waren sie in der Lage, weiterhin an der Schönheit dieser Welt festzuhalten, daran, dass die Welt eigentlich gut sein muss, weil sie ja von Gott geschaffen ist. Diese Welt funktioniert, es gibt Gesetze, nach denen die Welt funktioniert - wir sprechen heute von Naturgesetzen -, es gibt Gesetze, und Gott ist es, der diese Gesetze in die Welt eingepflanzt hat. Und hier sprachen die Juden von der Weisheit Gottes: alles in der Welt ist gut, alles hat seinen Sinn, die Welt ist so geschaffen, dass sie Ausdruck der Weisheit Gottes ist. Um diese doch etwas abstrakte Erkenntnis

irgendwie anschaulich zu machen, packten die Juden diese Erkenntnis in ein Bild, das Bild einer Frau namens Weisheit, die in dieser Welt herrscht, die sozusagen ein Symbol der Weisheit Gottes ist, die in dieser Welt überall präsent ist.
Das klingt für uns alles etwas fremdartig, weil wir eine solche symbolische Sprache nicht mehr gewöhnt sind, aber für die Menschen damals war das ein normaler Weg, diese abstrakte Erkenntnis in einem griffigen Bild mitteilbar zu machen: diese Welt ist gut, von Gott gut geschaffen, in Weisheit geschaffen, und das stellen wir dar mit dieser Frau Weisheit.

Und damit kommen wir zum eigentlichen Kern: zur Weisheit. Weisheit ist ein Begriff, mit dem wir heutzutage nicht mehr viel anzufangen wissen. Was bei uns zählt, sind Cleverness und Schlauheit. Weisheit? Wer macht denn so was? Nein, heute kommt es eher darauf an, schlau und gerissen zu sein. Dabei geht es um etwas völlig anderes als um Weisheit. Da geht es eher um sich selbst, darum, das Beste für sich selbst herauszuholen. Weisheit? Das verbinden wir eher mit einem alten Mönch in einer Höhle, aber nicht mit etwas, das irgendwie erstrebenswert ist.

Worum geht es bei der Weisheit? Ein Stückchen weiter als unser Textabschnitt, den wir gerade gehört haben, findet sich der eigentlich entscheidende Satz: *„Die Furcht vor Gott ist der Anfang der Weisheit."* Weisheit beginnt da, wo wir aufhören; wo wir unsere Grenzen spüren, wo es nicht mehr nur um uns geht. Weisheit beginnt da, wo etwas anderes beginnt, wo Gott beginnt, wo seine in Weisheit geschaffene Welt uns umgibt. Diese Weisheit soll uns nicht in Höhlen sperren, im Gegenteil, sie lädt uns zu einem Festmahl ein. Sie will uns nicht das Leben vermiesen, sie will uns zeigen, was das Leben ist. Weisheit heißt, nicht nur um sich zu kreisen, sondern in seinem Leben anderes, größeres zählen zu lassen, vielleicht sogar Gott.

Was ist Weisheit? Darüber kann uns die Hagia Sophia, diese uralte Kirche viel erzählen. Sie ist eine Kuppel, eigentlich ist diese Kirche eine einzige, große Kuppel, eine Welt, die nicht hier unten bleibt, es ist keine Welt, die hier für sich bleibt, eng und klein, sondern es ist eine Welt, in der sich etwas Göttliches, etwas Himmlisches zu uns hinabsenkt. Das zu entdecken und das zu leben, das ist Weisheit. Vielleicht ist man dann nicht immer so erfolgreich wie die Schlauen und die Gerissenen. Aber vielleicht ist man gerade deswegen dem näher, was Leben eigentlich ausmacht.

Das Glück des Kohelet (Koh 1,2; 2,21-23)

Wie sollte Ihr Leben aussehen, wenn es perfekt verlaufen würde? Wenn Sie alles könnten und alles kriegen würden, was wäre dann? Jeder von uns hat ja wahrscheinlich eine Idealvorstellung von Leben. Was, wenn diese Idealvorstellung auch wirklich erreicht würde? Was wäre dann?

Genau dieser Frage ist ein Mann nachgegangen, der sich den Namen Kohelet gegeben hat. Wir haben gerade eine kurze Lesung aus dem Buch Kohelet gehört. Das Buch Kohelet ist eines der seltsamsten Bücher der gesamten Bibel und – wie ich finde – auch eines der interessantesten. Kaum einer kennt dieses Buch, es stellt schon einen gewissen Geheimtipp dar. Es ist eines der jüngeren Bücher des Alten Testaments. Man weiß nicht genau, wann es entstanden ist, vermutlich zwischen 250 und 220 v. Chr. Der Autor dieses Buches bezeichnet sich selbst als Kohelet, Sohn des Königs David. Das war er natürlich nicht, weil David schon 700 Jahre tot war, aber er stellt sich eben so vor.
Kohelet fragt sich: Was wäre, wenn ich König wäre? Oder wenn ich alles wissen würde, wenn ich der schlaueste Mensch der Welt wäre? Oder wenn ich soviel Geld hätte, dass ich mir alles, wirklich alles erlauben könnte? Was wäre dann?

Und dieser Kohelet kommt immer nur zu *einem* Ergebnis, das wir vorhin gehört haben: Windhauch, das ist alles Windhauch. Kohelet sucht weiter, schaut sich mit einer glasklaren Nüchternheit und Präzision die Gesellschaft an: die Menschen, die bestimmten Zielen hinterher rennen, die sich abmühen, die kämpfen und trotzdem nichts gewinnen. *„Was erhält der Mensch durch seinen ganzen Besitz, für den er sich anstrengt?“* Windhauch. *„Alle Tage besteht sein Geschäft nur aus Sorge und Ärger, und selbst in der Nacht kommt sein Geist nicht zur Ruhe.“* Windhauch.
Was diesen Kohelet wirklich faszinierend macht, ist diese Fähigkeit, den Dingen auf den Grund zu gehen, sich jetzt nicht mit irgendwelchen Floskeln oder irgendeinem oberflächlichen Geplapper abspeisen zu lassen, sondern die Dinge genau so zu sehen, wie sie eigentlich sind. Genau das gibt dem Buch Kohelet einen sehr melancholischen Grundton, der hin und wieder sehr sarkastisch und sogar düster wirkt, eben weil Kohelet eigentlich alles pulverisiert, was wir jeden Tag machen. Ich gebe gerne zu, dass man solche Zeilen nicht jeden Tag lesen sollte, aber genau das macht dieses Buch so faszinierend. Es gibt in der

ganzen Bibel keinen Menschen, der uns so radikal die Frage stellt: Was willst du eigentlich in deinem Leben?
Wofür setzt du dich ein? Wofür schuftest du jeden Tag? Selbst wenn du alles könntest … und dann?

An diesen Fragen sind wir ja auch nicht weiter als Kohelet damals. Es gibt heute im deutschen Buchhandel etwa 15.000 Bücher zum Thema Glück und Glücklichsein. 15.000 Bücher. Das zeigt ja schon, dass es auch für uns heute nicht einfacher ist, glücklich zu sein, und dass viele Menschen das Gefühl haben, sich in ihrem Leben im Kreis zu drehen. Welche Antwort findet Kohelet?

Das Spannende: er findet eine andere Antwort als die, die wir vorhin im Evangelium gehört haben und welche die normal christliche ist. Im Evangelium stand: Sammel dir Schätze im Himmel! Heißt: Was du hier auf Erden machst oder schaffst: schaue nicht auf dein Glück hier, sondern auf dein Glück im Himmel.
Kohelet findet andere Antworten und diese Antworten sind vielleicht näher dran an unserem Lebensgefühl heute. Kohelet sagt: Schau auf das Hier und das Jetzt und genieße. Wörtlich: *„Iß dein Brot, trink vergnügt deinen Wein und freue dich über die Tage, die Gott dir schenkt."*
Das klingt jetzt sehr plump, aber dahinter steckt eine tiefe Weisheit, nämlich die Weisheit, dass wir viele Dinge in unserem Leben gar nicht beeinflussen können. Man kann Glück nicht erzwingen, aber das Glück, das da ist, das soll man auch sehen und ergreifen. Und zwar hier und jetzt, und nicht nur im Himmel. Kohelet sagt jetzt nicht, lege die Hände in den Schoß und mach nichts mehr, aber er sagt: Jage nicht irgendwelchen Luftschlössern hinterher! Gott hat dir ein Leben geschenkt und dieses Geschenk sollst du nutzen! Als Geschenk!

Dahinter steckt eine ganz große Lebenserfahrung. Nämlich die Erfahrung, dass man Glück meist nicht machen kann, trotz 15.000 Büchern. Sondern dass Glück einem meist geschenkt wird, in besonderen Momenten, von besonderen Menschen, vielleicht auch von Gott. Nur diese Geschenke, die muss man auch sehen.
Und genau das wünsche ich Ihnen: das sehen zu können: Momente und Menschen, die Ihnen geschenkt werden, die unbezahlbar sind, die Ihnen zeigen, dass jedes Leben, dass Ihr Leben ein Geschenk ist, nicht nur im Himmel, sondern bereits hier und jetzt. Dann brauchen Sie auch keins der 15.000 Bücher mehr zu kaufen.

Unsere Welt (Weish 11,22-12,2)

Wenn es ein Thema gibt, das seit mittlerweile 30 Jahren immer noch aktuell ist, dann ist es das Thema Umwelt. Dieses Thema besitzt mittlerweile schon fast eine religiöse Dimension. Was auch immer gesagt, getan und gedacht wird, es muss umweltverträglich sein, es darf der Umwelt nicht schaden, es muss nachhaltig sein. Ganz klar: wir Menschen treiben Raubbau an unserer Umwelt, und wenn wir nicht wollen, dass dieses System, das Ökosystem zusammenbricht, dann müssen wir handeln. Es werden – wie in einer Religion – große Untergangsszenarien aufgebaut, wenn man nicht der Umwelt gemäß handelt: ein allgemeines Artensterben, eine Klimaerwärmung, ein Ansteigen des Meeresspiegels, der Verlust der die Erde schützenden Ozonschicht usw. Aus all dem spricht ein bestimmtes Bild von Welt und von Umwelt, mit dem wir heute groß werden.
Auch die Lesung aus dem Buch der Weisheit blickte auf die Welt, aber etwas anders als wir heute, vielleicht sogar in einer Art, mit der wir heute gar nicht mehr auf die Welt schauen können. *„Herr, die ganze Welt ist vor dir wie ein Stäubchen auf der Waage."* Die Welt ist Schöpfung Gottes. Alles ist von Gott geschaffen. Alles ist gut, weil es ja von Gott geschaffen ist. Es ist ein Blick auf eine Welt, die von Gott geschaffen ist und die Gottes Herrlichkeit ausstrahlt. Es ist ein Blick auf die Welt, wie er heute für uns sehr schwierig geworden ist. Denn die Welt, auf die wir schauen, ist nicht die Welt Gottes, es ist *unsere* Welt, die Welt, die wir geschaffen haben. Wir leben in einer Welt, die nahezu komplett vom Menschen geschaffen ist. Und das hat auch – unmerklich – Konsequenzen für unseren Glauben an Gott, für den Glauben des modernen Menschen. Wenn sich unser Weltbild ändert, ändert sich auch unser Gottesbild.

Der russische Dichter Sinjawski hatte unter dem Pseudonym Abram Terz vor knapp 30 Jahren folgende Zeilen geschrieben, die einfach treffen:
„Wir haben es dem städtischen Komfort und dem technischen Fortschritt zu verdanken, dass der Glaube an Gott abgenommen hat. Umgeben von den von uns geschaffenen Dingen, fühlen wir uns als Schöpfer der Welt. Kann ich den Herrgott in einer Welt erblicken, wo mir auf Schritt und Tritt ein Mensch begegnet? Gottes Stimme erscholl in der Wüste, in der Stille, und an Wüste und Stille fehlt es uns ja gerade. Wir haben alles übertönt und mit uns erfüllt, und dann wundern wir uns noch, dass Gott sich nicht zeigt."

Wir leben nicht mehr in Gottes Welt. Wir leben in unserer Welt. Ein konkretes Beispiel: Der Mensch früherer Zeiten sah jede Nacht über sich einen gigantischen Sternenhimmel. Tausende und abertausende Sterne, jede Nacht. Dieser Mensch hatte ein natürliches Gespür für die Größe der Schöpfung und auch für die Größe des Schöpfers. Wir können diesen Sternenhimmel nicht mehr sehen, weil wir so viele Lichtquellen in unseren Städten haben, dass das Licht der Sterne kaum noch durchdringt. Aufgrund der hohen Lichtverseuchung unserer Städte können wir vom Sternenhimmel nur noch einen traurigen Rest sehen, mehr nicht. Das Licht, das wir nachts sehen, ist *unse*r Licht.
Es ist ein Beispiel von vielen, an denen man sehen kann, wie die Welt für uns immer mehr zu unserer Welt wird, und nicht mehr Welt Gottes, herrliche Schöpfung ist. Wann waren Sie einmal an Ort, der wirklich unberührt vom Menschen ist? Waren Sie es jemals?

Das ist kein Grund, unsere technisierte Welt zu verteufeln, aber man muss immerhin zur Kenntnis nehmen, dass diese neue Welt uns als Menschen und auch unseren Glauben verändert. Dieser Text aus dem Buch der Weisheit blickt auf die Welt als Schöpfung Gottes.
Ein wichtiger Unterschied zu uns heute: Er blickt auf *eine* Welt. Wir blicken auf *zwei* Welten. Bei uns heute gibt es unsere Welt, die menschliche Welt eben, und es gibt die *Um*welt. Das Wort „Umwelt" tauchte erst auf, als der Mensch begann, sich die Welt wirklich zu unterwerfen und zur eigenen Welt zu machen. Erst dann gab es das Wort „Umwelt" für die natürliche Welt, für die Welt, die nicht vom Menschen beeinflusst ist. Und da laufen jetzt ein paar Dinge aus dem Ruder. Zum einen die Menschen, für die die Umwelt einen reinen Selbstbedienungsladen darstellt und nur dem Zweck dient, die Bedürfnisse der Menschen zu stillen; zum anderen die Menschen, für die die Umwelt, also die nichtmenschliche Welt, das einzig Wahre ist und der Mensch überhaupt nicht in diese Umwelt eingreifen darf bzw. am besten ganz verschwinden sollte.
Beides ist nicht angemessen, aber beides beruht auf dem gleichen Fehler: der Trennung von unserer Welt und der Umwelt, der Auflösung der einen Welt, in der wir leben. Wir blicken neu auf die Welt, wir trennen in die Welt, die sich selbst macht: die Umwelt, und in die Welt, die wir machen, wir sind die neuen Schöpfer. Das ist jetzt nicht der einzige Grund, aber auch ein Grund für den Glaubensverlust des modernen Menschen, der Schwierigkeiten hat, wie er Gott wahrnehmen soll, denn Gott ist nicht mehr der Schöpfer. Wir brauchen keinen Schöpfer mehr. Der moderne Mensch blickt neu auf Welt und Gott. Der moderne Mensch unterteilt die Welt und hat in ihr keinen Ort mehr, wo Gott auftaucht.

„Herr, die ganze Welt ist vor dir wie ein Stäubchen auf der Waage." Dieser Blick wird sich nicht wiederherstellen lassen, aber er könnte uns trotzdem helfen, die Welt als eine Welt wahrzunehmen; diese Sicht auf die eine von Gott geschaffene Welt könnte uns helfen, dass man die Welt nicht nur nicht plündern darf, weil sie uns nicht gehört und wir eigentlich auch nicht viel an ihr geschaffen haben. Diese Sicht auf die eine von Gott geschaffene Welt könnte uns aber auch helfen, dass die Umwelt auch nicht wertvoller ist als der Mensch.
Diese alte Sicht auf die von Gott geschaffene Welt könnte uns vielleicht helfen, die Welt als ein Ganzes wahrzunehmen, als ein Ganzes, in dem Gott wieder seinen Ort findet, wo wir Menschen ihn wahrnehmen können. Diese Welt ist Welt Gottes. Und da müssen wir ihn wieder finden.

Das Heil auf dem Esel (Sach 9,9-10)

Miguel Mármol lebte im letzten Jahrhundert und er hat ein Leben hinter sich, das es wohl wert wäre, in Hollywood verfilmt zu werden. Er wurde vor etwa 100 Jahren in El Salvador in Mittelamerika geboren, und sein ganzes Leben war eigentlich ein einziger Kampf für die Freiheit und gegen die Unterdrückung durch verschiedene Militärdiktaturen.
Folgende Geschichte erzählt man sich über diesen Miguel Mármol: Er war etwa 31 Jahre alt, und es ging nicht mehr, er konnte nicht mehr. Mehrere Male war er gefoltert worden, hatte bereits oft im Gefängnis gesessen, seine Frau hatte ihn mit seinen Kindern verlassen, er hatte keine Arbeit, kein Haus, gar nichts, er war am Ende. Und er beschließt für sich: Das war's. Ich nehme meine Machete, gehe in den Wald und bring mich um. Er ist nun im Wald, sieht sein Leben schon an sich vorüberziehen, will gerade die Machete ansetzen, da kommt ein Junge auf einem kleinen Esel vorbeigeritten, mit einer Kokosnuss in der Hand. Der Junge macht einen fröhlichen Eindruck, winkt mit seinem viel zu großen Strohhut und fragt, ob er die Machete haben könnte, um damit die Kokosnuss zu öffnen. Miguel Mármol ist immer noch ganz benommen, schließlich war er kurz davor, sich das Leben zu nehmen, aber er gibt dem Jungen die Machete. Der Junge teilt die Kokosnuss, gibt Mármol eine Hälfte davon, beide essen, Mármol kommt erst bei jetzt wieder richtig zu sich und in dem Augenblick ist alles wie weggewischt, sein Wunsch, zu sterben, sein Leid, die Folter, alles. Die beiden essen zu Ende, der Junge steigt wieder auf seinen Esel, er reitet davon. Mármol geht wieder in die Stadt und kämpft weiter gegen Unterdrückung und Tyrannei.

Diese Geschichte von Mármol und diesem kleinen Jungen auf dem Esel bietet sozusagen die moderne Fortsetzung des Textes von Sacharja, den wir gerade als erste Lesung gehört haben. Da war auch die Rede von einem Menschen, einem Friedenskönig, der auf einem kleinen Esel in seine Stadt reitet und dieser König ist es, so Sacharja, der ein Reich des Friedens errichten wird, ein Reich des Friedens, das die ganze Welt beherrschen wird. Ganz klar, diese Zeilen wurden dann später auch aufgegriffen, als es um den Einzug Jesu in Jerusalem ging, am Palmsonntag, aber darum soll es jetzt gar nicht gehen. Es soll darum gehen, dass dieser Sacharja und das Volk Israel ganz fest an die Ankunft eines Königs geglaubt haben, der auf der ganzen Welt für Frieden sorgen wird. Alles spricht dagegen, wirklich alles. Die Realität damals genauso wie die Realität heute. Es gibt keinen Frieden, immer wieder gibt es Krieg und Gewalt, und irgendwie gibt es wohl keinen Grund, Hoffnung zu haben, dass sich das mal ändern wird, für das Volk Israel am allerwenigsten.

Und dann hören wir da diese Geschichte von Mármol und diesem Jungen. Die passt nicht nur so gut, weil auch da der Friedensbringer auf einem Esel angeritten kommt, sondern weil diese Geschichte zeigt: du kannst das Gefühl haben, dass es nie Frieden geben wird, dass dein Leid nie aufhören wird, vielleicht kommt bald der Augenblick, an dem dein Leid aufhört. Auch wenn du es nicht mehr erwartest, auch wenn du keinen Grund zur Hoffnung hast. Auf so einen Augenblick zu hoffen, hat ganz viel mit Glauben zu tun, mit einem Vertrauen darauf, dass Gott doch noch etwas wenden kann, mit einem Vertrauen darauf, dass das Leid eben nicht das letzte Wort haben muss.

Das gilt genauso für den Weltfrieden, das gilt für die vielen Menschen im Orient, die gerade – wie Mármol damals – gegen Tyrannen und Diktatoren ihr Leben riskieren müssen, das gilt für die große Politik, aber auch für jeden von uns, für jeden Menschen, der früher oder später auch Leid erfahren muss und vielleicht auch wenig Hoffnung haben kann, dass sich dieses Leid ändert: dass man wieder eine neue Arbeit findet, dass eine schwere Krankheit geheilt wird, was auch immer.

Dieses Erlebnis von Mármol und diesem Jungen kann uns allen zeigen, dass es trotz aller Ausweglosigkeit nicht zu Ende sein muss. Sacharja ist ein Beispiel dafür, dass das Volk Israel genau daran geglaubt hat, dass Gott auch in höchster Not sein Volk retten wird. Und dieser Glaube hat Israel die Kraft gegeben, zu überleben. Einen solchen Glauben wünsche ich auch uns. Einen solchen Glauben an Gott, der die Zeiten zu überstehen hilft, in der wir Gott am meisten brauchen. Mármol traf damals diesen Jungen mit dem Esel. Wir werden vielleicht keinen Jungen mit einem Esel treffen, aber die Augen offen halten sollten wir trotzdem.

Der liebe Gott (Lk 17,11-19)

Jesus ist unterwegs im Grenzgebiet von Samarien und Galiläa. Zehn Aussätzige kommen ihm entgegen, flehen ihn an und sie werden dann auch geheilt. Nun gut - diese Erzählungen – wir kennen sie zur Genüge. Jesus zieht von Dorf zu Dorf und heilt die Kranken. Von diesen Wundergeschichten gibt es im Neuen Testament Dutzende. Und die kommen sonntags auch immer wieder vor. Diese Geschichten, gerade in dieser Masse, vermitteln uns ein bestimmtes Bild von Christus, das Bild des lieben Jesus, der den Menschen hilft. Das ist sicherlich das Bild von Christus, das bekannt ist, das populär ist. Fragen Sie irgendwelche Leute auf der Straße, was Jesus in seinem Leben gemacht hat, die Antwort wird lauten: Er hat den Menschen geholfen, den Armen, den Kranken, er hat Wunder getan. Das ist ja erst einmal nicht negativ. Nur: es ist einseitig.

Der liebe Jesus, der den Kranken hilft: na ja, das mit den Wundern ist lange her und hilft mir *heute* überhaupt nicht. Wenn es mir dreckig geht, steht kein Jesus an der Tür und zaubert das Übel weg. Wenn ich schwer krank bin, kommt kein Jesus an mein Bett, legt mir die Hände auf und macht mich gesund. Der liebe Jesus. Ich gehe noch einen Schritt weiter: Dieser liebe Jesus - oder besser: das Sprechen von diesem lieben Jesus - ist nicht ganz unschuldig an der heutigen Glaubenskrise, an den Schwierigkeiten der Menschen, an Gott oder an Christus zu glauben.

Denken Sie einmal nach: Welches Bild von Christus bekommt man normalerweise als Kind vermittelt? Das des lieben Jesus, in der Kirche, im Elternhaus, in der Schule. Und dieses Bild vom lieben Jesus bricht dann wie ein Kartenhaus in sich zusammen, wenn man älter wird. Irgendwann merkt man dann als Jugendlicher: Dieser liebe Jesus, das ist ja ganz nett, der nette Wunderonkel, aber was hat das mit meinem Leben zu tun? Mir hilft er nicht, wenn ich in Not bin. Und wenn er mir nicht hilft, was soll dann das Ganze? Viele Jahre später, mittlerweile erwachsen, gehen viele wieder in die Kirche, wenn die eigenen Kinder zur Kommunion gehen, in die Kindergottesdienste, und welcher Jesus wird ihnen da normalerweise präsentiert: das liebe Jesulein, das Wunder tut. Der Kreis schließt sich.

Mit anderen Worten: Wir haben heute in der Kirche das große Problem, dass viele Menschen nicht über ihren Kindheitsglauben hinausgekommen sind, dass sie nur den lieben Jesus und den lieben Gott kennengelernt haben, der irgendwie allen Menschen helfen soll, aber es ja anscheinend nicht tut. Der liebe Gott. Jetzt werden viele sagen, Moment, aber Gott liebt uns doch. Warum dann nicht vom lieben Gott sprechen?

Was meine ich denn, wenn ich „lieber Gott“ sage? - Oder allgemeiner: was meine ich, wenn ich sage: Der liebe Peter. Dann stellen wir uns einen Jungen vor, der brav ist, der keinem was zuleide tut, der vielleicht auch ein bisschen naiv und langweilig ist. Der liebe Peter eben. Und genau das Gleiche stellen wir uns doch vor, wenn wir vom lieben Gott sprechen: hilft allen, ist brav, tut keinem was zuleide. Der liebe Gott eben. Natürlich ist die Liebe die wesentliche Eigenschaft Gottes. Aber dann wäre es vielleicht besser, nicht vom lieben Gott, sondern vom Gott der Liebe zu sprechen.

Das ist keine Haarspalterei, sondern eine völlig andere Aussage über unseren Gott. Lieb sein und lieben, das ist nicht das gleiche. Und der Gott, an den wir glauben, ist der Gott der Liebe. Die Kirche - oder besser: wir als Christen - wir müssen deutlich machen, dass wir nicht nur an einen lieben Kerl glauben, der mit Sandalen und langen Haaren irgendwelche Leute geheilt hat, sondern dass wir an jemanden glauben, der in unserem Leben bleibende Bedeutung hat, dass wir an jemanden glauben, der nicht nur vor 2000 Jahren irgendwas gemacht hat, sondern der auch heute lebendig ist, in unserem Leben.

Der Glaube an den lieben Gott bricht ein Stück weit in dem Augenblick zusammen, in denen wir Leid erfahren müssen, wirkliches Leid. In dem Augenblick kommt die Frage, an was oder wen wir da eigentlich glauben, und da spüren wir ganz schnell, dass dieser liebe Jesus, dass dieser Wunderheiler weit weg ist. An einen Gott der Liebe zu glauben, heißt nicht, dass dieser Gott mit einem Schlag alles Leid und alle Krankheit wegwischt. An einen Gott der Liebe zu glauben, heißt nicht, dass einer angelaufen kommt, mir die Hände auflegt und es mir besser geht. An einen Gott der Liebe zu glauben, heißt, daran zu glauben, dass die Liebe das Grundprinzip dieser Welt ist und dass durch die Liebe in diesem Gott Leid, Krankheit und Tod nicht das letzte Wort haben werden. An einen Gott der Liebe zu glauben, heißt, darauf zu vertrauen, dass trotz allem Leid und allem Übel die Liebe siegen wird. Und das ist schon nicht wenig.

Johannesprolog (Joh 1,1-14)

Es soll ja Texte in der Bibel geben, die etwas sperrig sind. Man hört die und denkt sich nur: Was soll das denn? Nichts verstanden! Wirres Zeug! Den sicher berühmtesten und wahrscheinlich schlimmsten aller sperrigen Texte haben wir gerade gehört, den Prolog, die Einleitung des Johannesevangeliums: *Im Anfang war das Wort, und das Wort war bei Gott und das Wort war Gott* usw. Unverständlicher geht es eigentlich kaum.

Wie auf einen solchen Text zugehen?
Erst einmal: Der Text kann eigentlich nicht so schwierig sein, die Leute damals müssen es doch auch verstanden haben! Die waren doch nicht doppelt so schlau wie wir heute! Die haben diesen Text gehört und die konnten sich anscheinend unmittelbar etwas dazu vorstellen, die haben den verstanden. Also müsste das für uns doch auch möglich sein.

Unsere Hauptschwierigkeit bei diesem Text liegt in dem kleinen Wörtchen: das „Wort". Von diesem Wort ist im ganzen Text die Rede. Was ein Wort ist, weiß jeder. Ein Wort ist ein Teil eines Satzes, ein Begriff. Das weiß jeder und genau hier ist der Punkt, warum wir mit diesem Text nicht klarkommen. Hier müssen wir etwas anders denken als sonst.
„Wort" ist hier kein Begriff, sondern ein Wesen, ein himmlisches Wesen, eine Person. Wir könnten hier stundenlang darüber philosophieren, was ein Wort ist, was ein Wort ausdrücken kann, wie ein Wort im Bewusstsein entsteht: alles schlaue Dinge, die uns hier überhaupt nicht weiterhelfen. Das Wort, von dem hier die Rede ist, ist ein Wesen, etwas Lebendiges.
Die Menschen der damaligen Zeit stellten sich vor, dass es bei Gott ein Wesen gibt, das über diese Welt herrscht. Gott herrscht nicht direkt über diese Welt, sondern über dieses Wesen. Mit diesem Wesen hat Gott die Welt geschaffen und mit diesem Wesen bleibt Gott in der Welt präsent. Die Juden nannten dieses Wesen Weisheit – wir haben es gerade in der ersten Lesung gehört – die griechischsprachigen Juden zurzeit Jesu nannten dieses Wesen „Wort" (Logos). Von diesem Wort, von diesem Wesen bei Gott, erzählt Johannes. Und wenn die Leute damals hörten: *Im Anfang war das Wort und das Wort war bei Gott*, dann stellten die sich sofort dieses Wesen vor, das bei Gott war und mit Gott zusammen die Welt geschaffen hat. Wenn Johannes vom Wort bei Gott sprach, wussten die sofort: Achja, dieses Wesen bei Gott! Wort nicht als Wort oder Begriff! Wort als Name, Bezeichnung für ein Wesen, ein himmlisches Wesen.
Von diesem Wesen erzählt Johannes. Und er fängt eben am Anfang an, sagt, was eigentlich alle damals wussten, dass dieses Wort bei Gott wohnte, mit Gott die Welt geschaffen hat, damit die Quelle des Lebens ist usw. Dies war den Leuten damals alles bekannt. Und dann kommt das, was Johannes eigentlich sagen will: Dieses Wort, dieses Wesen, kam in die Welt. Kam zu uns, wurde Fleisch. Und dieses himmlische Wesen, das Licht Gottes, das Wort Gottes, das wurde Mensch! In diesem Jesus von Nazareth!

Dieser Text ist einer der ganz zentralen und wichtigen Texte des Christentums. Weil er in der Bibel eines der wichtigsten Zeugnisse dafür darstellt, dass dieser Jesus von Nazareth nicht nur ein Prophet war, sondern von Gott selbst kam, wie auch immer man sich das vorstellen soll. Dieser Text wird für uns heute – wie gesagt – erst dann verständlich, wenn wir das „Wort“ in diesem Text nicht als Wort oder Begriff nehmen, sondern als den Namen eines bestimmten himmlischen oder göttlichen Wesens. Von diesem Wesen erzählt Johannes, dass es in die Welt gekommen ist.

Dieser Johannes-Prolog ist eine Weihnachtsgeschichte, eine etwas andere, als die bei Lukas mit dem Stall und den Hirten, aber es ist eine Weihnachtsgeschichte, oder besser: der Versuch einer Erklärung, was da eigentlich geschehen ist bei der Geburt und im ganzen Leben des Jesus von Nazareth. Johannes interessiert sich gar nicht für Hirten, Ochsen und Esel. Er will sagen, worum es dabei wirklich ging. Ihn interessiert nicht, ob da eine Ochse neben der Krippe liegt, er will sagen, was da in der Krippe wirklich passiert, nämlich die Menschwerdung des göttlichen Wortes, des Wesens, mit dem Gott die Welt geschaffen hat. Diese Sprache des Johannes ist für uns heute mythisch, fremd und undeutlich. Aber, um ehrlich zu sein: wenn wir sagen, Jesus ist der Sohn Gottes, ist das wirklich deutlicher? Können wir überhaupt begreifen, was es heißt: Sohn Gottes? Wir Christen sind Christen, weil wir glauben, dass sich in diesem Jesus etwas ereignet hat, was einmalig ist, was göttlich ist. Und einen wahren Meilenstein zu diesem Glauben, zu der Entwicklung dieses Glaubens, den haben wir vorhin bei Johannes gehört. In einer Sprache, die uns fremd ist, die Bilder benutzt, die wir nicht mehr kennen, eine Sprache, die sehr poetisch ist. Poetisch, weil sie von Dingen erzählen will, die man nicht wissenschaftlich, sondern nur poetisch ausdrücken kann.

Gott ist und bleibt ein Geheimnis, das wir nie ganz erfassen werden und vor dem unsere Sprache versagen muss. Umso wichtiger sind dann aber Leute wie Johannes, die immerhin versucht haben, dieses Geheimnis in Worte zu kleiden und die diesem geheimnisvollen Gott damit sehr nahe gekommen sind. So nahe, dass wir heute noch als Christen von seinen Bildern leben und auch durch ihn an einen Gott glauben, der Mensch geworden ist.

Die Hochzeit zu Kana (Joh 2,1-11)

Irgendwo in einem Kloster in Russland: ein gewisser Aljoscha am Vorabend der Beisetzung seines Lehrers, seines geistlichen Vaters. Dieser alte Mann hatte ihn alles gelehrt, alles, was ein Leben ausmacht. Aljoscha steht starr vor dem aufgebahrten Leichnam seines Meisters und spürt nichts außer Leere und Schmerz. Irgendwann schläft er wimmernd ein, in einer Ecke, im gleichen Raum.

Auf einmal schreckt er hoch, das erste, was er wahrnimmt, ist der Geruch von Verwesung. Dann hört er, wie in der Kapelle nebenan aus der Bibel vorgelesen wird; es ist die Hochzeit zu Kana. Und dann hört er die Stimme seines Meisters, die ihm leise sagt: „Ja, mein Lieber, auch du bist geladen. Öffne doch deine Augen." Aljoscha schaut sich um: der Raum wird immer größer, Aljoscha erkennt eine reich gedeckte Tafel. „Lass uns fröhlich sein", fährt der Alte fort, „lasst uns neuen Wein trinken, den Wein der neuen, der großen Freude. Siehst du, wie viele Gäste da sind? Sieh, da ist auch der Bräutigam, und die Braut. Und da siehst du ihn, unsere Sonne, den Herrn. Hör auf zu zittern, fürchte ihn nicht. Er ist zwar furchtbar in seiner Größe, aber er ist unendlich in seiner Güte. Neue Gäste sind zur Hochzeit geladen, darunter auch du. Komm doch her, nimm teil an unserer Freude."
Aljoscha schrie auf und erwachte.

Dies war eine Szene aus Dostojewskis Roman „Die Gebrüder Karamasow", ein Stück Weltliteratur, das aus unserem Evangelium erwachsen ist. Die Hochzeit zu Kana. Auf den ersten Blick ist dieses Wunder Jesu eines von vielen anderen. Auf einer Hochzeit ist der Wein alle, aber Jesus ist ja da, er macht aus Wasser Wein, die Feier kann weitergehen, alles ist gut, alle sind zufrieden. Prost. Auf zum nächsten Wunder ... diese Erzählung von Dostojewski kann uns aber vielleicht helfen, die tiefere Dimension dieses biblischen Wunders wahrzunehmen.
Jeder Mensch, wir alle!, wir wollen, dass es uns gut geht, dass wir glücklich sind, dass wir Freude haben in unserem Leben. Danach richten wir unser Leben doch aus. Diese Suche nach Glück, nach Freude oder einfach nur nach Zufriedenheit bestimmt unser Leben. Wir wissen aber auch, dass es nicht immer klappt mit der Freude, mit dem Glück. Wir wissen, dass alles, was wir in unserem Leben als Freude empfinden, dass alles, was wir uns in unserem Leben aufgebaut haben, unter Umständen mühselig aufgebaut haben, irgendwann nicht mehr sein wird, weil wir selbst irgendwann nicht mehr sein werden. In genau dieser Situation steckt dieser Aljoscha, als er dem Tod ins Gesicht sehen muss und wahrscheinlich zum ersten Mal versteht, was der Tod ist. Ihm wird klar, dass das Leben, dass alles, was wir sind, unsere gesamte Existenz an ein Ende kommen wird.
Und dann hört er von dieser Hochzeit zu Kana. Er hört diesen Toten, der zu ihm sagt: Auch du bist geladen, sei fröhlich! Woran du bisher in deinem Leben geglaubt hast, es ist nichts. Das, was dein Leben wirklich halten kann, was deinem Leben eine Freude gibt, die nicht zerstört werden kann, das findest du in dem, der dir dein Leben geschenkt hat. Er wird deinen

Becher immer wieder auffüllen. Er schenkt dir die wahre, die unvergängliche Freude, nach der du dein Leben lang suchst.

Die Hochzeit von Kana hat die simple Botschaft: Gott schenkt Freude! Aber dieser eine simple Satz wird in aller Konsequenz durchgezogen. Gott schenkt Freude heißt nicht nur platt, dass Gott auch Spaß machen kann. Gott schenkt Freude heißt: Gott schenkt dir die Freude, nach der du in deinem ganzen Leben suchst. Du willst die Freude, du willst das Glück, das nicht mehr vergeht: Gott ist das Ziel deiner mühseligen Suche nach Glück. Gott ist das Ziel deiner Sehnsucht, die dein ganzes Leben durchzieht.

Hören wir noch einmal Dostojewski. Als Aljoscha erwacht war, rannte er nach draußen, in den Garten. Der Sternenhimmel war völlig klar. Er geht zu Boden, versinkt vor diesem Himmel, fängt an zu weinen. Dostojewski wörtlich:

„Mit jedem Augenblick fühlte er es deutlich, dass etwas Festes und Unerschütterliches in seine Seele einzog. Es war, als wenn irgendeine Idee in seinem Verstande die Herrschaft gewann, und zwar fürs ganze Leben. Als schwacher Jüngling war er zu Boden gesunken, als ein fürs ganze Leben gefestigter Kämpfer erhob er sich."

Ich wünsche Ihnen, dass es Ihnen gelingt, das zu begreifen, wirklich zu erfassen, was dieser Aljoscha an sich erfahren durfte, die Erfahrung eines Gottes, der die Freude schenkt, die nicht mehr enden wird und nach der wir uns unser ganzes Leben lang sehnen.

Das erste Wunder Jesu: die Hochzeit von Kana. Das letzte Wunder Jesu: die Auferstehung. In beidem geht es um das Gleiche: um das Ziel unseres Lebens, das Gott ist.

Der Gekreuzigte – Gottes Weisheit (1 Kor 1,18-25)

Vor etwa 150 Jahren fand man auf dem Palatinhügel in Rom ein Täfelchen, mit einer Kritzelei drauf, einer uralten Kritzelei. Auf diesem Täfelchen ist ein Kreuz abgebildet. An diesem Kreuz hängt jemand, man kann schemenhaft eine Person, einen Menschen erkennen, einen Menschen mit einem Eselskopf. Vor diesem Esel: ein anderer Mensch, der den Eselsmenschen am Kreuz anbetet. Der Text: *„Alexamenos betet seinen Gott an."*

Klar, was gemeint ist: Es geht um die Christen. Christen sind Idioten, denn die beten einen Esel an, einen Versager, der am Kreuz hängt. Diese Kritzelei stammt etwa aus dem Jahre 80, also wenige Jahrzehnte nach dem Tod Jesu. Sie stammt wohl von einem Soldaten der kaiserlichen Leibwache, einem Prätorianer, der über einen anderen Soldaten herzieht, der Christ ist: *„Alexamenos betet seinen Gott an."*

Es ist die älteste Darstellung des gekreuzigten Christus, die es überhaupt gibt. Die älteste Darstellung des gekreuzigten Christus ist eine Verspottung, ein Spott über eine Sache, die eigentlich keiner verstehen kann. Machen wir uns bewusst: woran wir glauben, ist rational überhaupt nicht zu begründen, Paulus nennt es Torheit, heute würde man von Verrücktheit oder Spinnerei sprechen. Wir glauben etwas Verrücktes. Das Problem: wir merken es noch nicht einmal, weil wir so daran gewöhnt sind, nach 2000 Jahren vielleicht auch kein Wunder. Gott ist Mensch geworden. Jeder Christ wird nicken: Ja, das ist unser Glaube, Gott ist Mensch geworden. Aber wie verrückt ist das eigentlich: der Schöpfer des Alls, der Schöpfer der ganzen Welt wird ein Mensch? Eine armselige Kreatur auf einem winzigen Planeten? Dieser menschgewordene Gott, unser Erlöser, unser Retter, starb am Kreuz, wurde hingerichtet wie der übelste Verbrecher. Wie unsinnig ist das eigentlich?
Wir glauben an die größten Verrücktheiten und merken es noch nicht einmal; ich halte es für einen Fehler. Gott wurde Mensch, das ist für uns doch eine Selbstverständlichkeit geworden, die es eigentlich gar nicht sein darf. Der Erlöser am Kreuz: den sehen wir so oft, dass wir darüber gar nicht mehr nachdenken, warum da einer so hängt. Dieses Skandalöse von Menschwerdung und Kreuzigung, das kriegen wir doch gar nicht mehr mit. Trotzdem bleibt es ein Skandal.

Paulus ist ein unglaublich dreister und gerissener Bursche. Wie reagiert er darauf? Er versucht erst gar nicht, das Kreuz rational zu begründen. Geht ja auch gar nicht. Paulus geht in die Offensive. Er gibt sofort zu: Das Kreuz ist eine Torheit. Und dann sagt er: Und wenn schon! Ja und? Doch nur deshalb, weil ihr Gottes Weisheit eh nie verstehen werdet! Diese Argumentation ist vielleicht ein bisschen plump, aber nicht ganz ohne Erfolg, muss man zugeben.
Paulus zieht eine Grenze, von der wir moderne Menschen lange glaubten, dass es sie nicht geben würde: die Grenze der Vernunft. Damit meint Paulus nicht nur die Tatsache, dass unsere Vernunft an Dinge gelangt, die wir nicht mehr verstehen können. Dass wir Menschen nie in der Lage sein werden, so etwas wie Gott zu verstehen, wirklich zu begreifen, das wussten die Menschen auch schon vor Paulus.
Paulus weist in bis dahin noch nicht gekannter Schärfe auf eine andere Grenze der Vernunft hin, die für uns Menschen vielleicht noch mächtiger, noch wesentlicher ist: Nämlich die

Grenze der Vernunft für unser Leben. Die Vernunft ist nicht das wichtigste in unserem Leben. In unserem Leben geht es doch letztlich nicht um Vernunft, wenn das so wäre, sähe menschliches Leben doch ganz anders aus. Wir suchen nicht nach Vernunft, wir suchen erst einmal unser Glück. Da kann uns die Vernunft helfen, dieses Glück zu erreichen, aber die Vernunft selbst ist doch nicht unser Lebensziel. Das, wonach der Mensch, jeder Mensch sich sehnt, wonach jeder Mensch sein Leben ausrichtet, ist Glück.

Und was sagt Jesus diesen Menschen: In Gott werdet ihr glücklich, selig! Auch wenn ihr arm seid, in Gott seid ihr selig! Auch wenn ihr schwach seid, in Gott seid ihr selig! Und Paulus sagt: Dieses Glück findet ihr nicht, wenn ihr der Vernunft hinterherjagt, das Glück findet ihr, wenn ihr Gott hinterherjagt! Der Mensch will nicht vernünftig leben, sondern erst einmal glücklich!
Natürlich muss man sich vernünftigerweise fragen, ob das Ziel des Lebens wirklich das richtige ist, ob man dem richtigen Glück hinterherjagt, aber das ändert doch nichts an der Tatsache, dass wir nicht vernünftig, sondern glücklich sein wollen.

Paulus ist einer der ersten, der das gesehen hat: nicht nur unsere Grenzen der Vernunft, etwas zu erkennen, sondern auch die Grenze der Vernunft in uns selbst, in der begrenzten Bedeutung für unser Leben. Deshalb kann Paulus sagen: Was Gott macht, ist eine Torheit. Mensch zu werden, ist eine Torheit. Das Kreuz ist eine Torheit. Diese Kritzelei mit dem Esel hatte ja Recht! Das Schwache zu erwählen ist eine Torheit. Man könnte es weiterspinnen: Diese Welt geschaffen zu haben, ist eine Torheit. Aber es ist die Torheit eines uns Liebenden, eines uns liebenden Gottes.
Gott ist unweise, unvernünftig, weil es unvernünftig ist, dass Gott Mensch geworden ist, weil es unvernünftig ist, dass Gott schwach geworden ist. Und doch liegt darin unser Glück, denn seine Schwäche sind wir.

Das Christuslied (Phil 2,1-11)

Palästina vor knapp 2000 Jahren. Es ist erst wenige Jahre her, dass dieser Jesus von Nazareth ans Kreuz geschlagen wurde, überall im Orient entstehen erste Gruppen von Menschen, die sich Christen nennen, die sagen, dieser Christus ist von den Toten auferstanden, die sagen, dass dieser Christus leben würde. Diese Christen, die haben an einer wichtigen Frage zu arbeiten, diese eine Sache müssen sie für sich klar haben, wenn sie sich Christen nennen wollen, nämlich die Frage: Wer war dieser Christus eigentlich?

Ist er jetzt ein besonderer Gesandter von Gott, einer, der viel von Gott weiß oder ist er irgendwie mehr? Was heißt eigentlich Sohn Gottes? Was soll das sein? Ist er jetzt Gott, ist er Mensch, ist er ein Zwischending, wie auch immer man sich das vorstellen soll?

Das Ergebnis dieser Fragen haben wir gerade gehört. Es ist ein Lied, ein Hymnus, den uns Paulus in seinem Philipperbrief überliefert hat. Wir haben ihn vorhin gehört und auch gesungen. Dieser Hymnus ist bereits wenige Jahre nach dem Tod Christi entstanden. Diese uns heute unbekannten Christen der ersten Stunde verfassten einen Hymnus, in dem sie versuchten, das Geschehen dieses Jesus Christus als Ganzes darzustellen. Dieser Hymnus versucht eine Gesamtdeutung dieses Jesus Christus, eine der ersten, die uns überliefert ist. Dieser Hymnus beschreibt das Ereignis Jesus Christus als das Ereignis der Menschwerdung Gottes und diese Menschwerdung Gottes hat ein klares Ziel: das Kreuz. Das ist die Botschaft der Christen der ersten Stunde: Gott ist in Christus Mensch geworden und der größte Akt, der Höhepunkt der Menschwerdung ist das Kreuz.

Diese neue Sicht auf das Kreuz, diese neue Sicht auf Christus hat dem Text diese große und bleibende Bedeutung verliehen. Wenn Gott Mensch wird, dann richtig, dann bis in die letzte Konsequenz hinein, bis in die letzte tödliche Konsequenz hinein. Erst im Augenblick des Todes am Kreuz wurde seine Menschwerdung vollendet.

Ich frage Sie: Was wäre das für eine Menschwerdung gewesen, wenn Christus als reicher Mann satt und alt im Bett gestorben wäre? Welche Nähe hätte er dann zu einem Menschen, der leidend ist, der todkrank ist? Was wäre das für eine Menschwerdung, wenn sie nur die Sonnenseiten des Lebens einbezieht? Wie ernst könnten wir so eine Menschwerdung nehmen? Wenn Menschwerdung, dann richtig, dann bis ins Letzte.

Dieser uralte Hymnus aus den ersten Stunden des Christentums ist ein absolutes Meisterwerk. Die Menschwerdung Gottes wird auf die Spitze getrieben: Gott wird Mensch bis in die tiefsten menschlichen Abgründe hinein, bis zum brutalen Tod. Die Menschwerdung wird als Drama beschrieben, das unweigerlich auf ein bestimmtes Ende, auf das Kreuz zustrebt. Und dieser absolute Tiefpunkt der Menschwerdung Gottes ist in Wirklichkeit der Höhepunkt, die Sinnspitze. Gott ist Mensch geworden, auf das Kreuz hin Mensch geworden.

Dies ist eine Sicht auf das Phänomen Jesu Christi, die uns heute sehr schwer fällt; es scheint eine sehr theologische und abstrakte Sicht zu sein. Den Dichtern dieses Hymnus ist es völlig egal, was Jesus hier getan oder gelehrt hat. Wie viele Blinde er jetzt geheilt hat oder wie er über die Nächstenliebe sprach – das interessiert nur am Rande oder überhaupt nicht. Die

Menschwerdung wird als ein Ganzes gesehen, als ein Geschehen, dessen Anfang und Ende nicht von dieser Welt sind. Diese Art zu denken oder diese Art, mit dem Phänomen Jesus von Nazareth umzugehen wie in diesem Hymnus, ist heute ungewöhnlich und sicher auch nicht jedem sofort zugänglich. Wenn die meisten Menschen heute auf Jesus schauen, dann steht eher die Frage im Vordergrund, was er denn gelehrt hat: Nächstenliebe usw. Das hängt damit zusammen, dass wir Menschen heute im Allgemeinen pragmatischer sind, handlungsorientierter als die Menschen damals. Jesus soll uns heute etwas Nützliches sagen, etwas sagen, wonach wir unser Leben ausrichten sollen. Jesus soll uns zeigen, wie wir richtig leben sollen. Wenn wir Sätze hören wie: *Gott wurde Mensch*, dann fragen wir uns: Ja und, was bringt uns das? Oder was hat das mit mir zu tun?

Letztlich gesehen ist das eine Verstümmelung, eine gefährliche Verstümmelung von Religion, eine gefährliche Verstümmelung des Menschen. Der Mensch heutzutage wird danach eingeschätzt, was er macht und was er kann. Der Mensch ist mehr als das. Die Kirche heutzutage wird danach eingeschätzt, wie gut sie Krankenhäuser und Essenstationen verwalten kann. Die Kirche ist mehr das. Gott wird heutzutage danach eingeschätzt, wie er uns im Alltag hilft und welche Regeln er aufgestellt hat, damit es den Menschen besser geht. Gott ist mehr das. Und auf dieses „mehr als das" lenkt uns dieser uralte Hymnus der ersten Christen. Hier lernen wir nichts Praktisches für unser Leben. Dieser Hymnus erkennt etwas, er erkennt das Drama Gottes, er erkennt das Geschehen Gottes in Christus.

Und deshalb, nur deshalb, kann dieser Hymnus im letzten Satz auch etwas bekennen: Jesus Christus ist der Herr! Das war der Glaube der Menschen damals. Es muss auch heute unser Glaube sein.

IV. Liudger

Folgender Text war die Grundlage mehrerer Predigten. Er wurde in voller Länge bereits veröffentlicht in: Schütz, Rudolf Ludger (Hg.): „Heiliger Liudger, Zeuge des Glaubens 742-809. Gedenkschrift zum 1200. Todestag", Bochum 2009, S. 294-302. Statt einzelner Predigten wird hier noch einmal der vollständige Text wiedergegeben.
Der Heilige Liudger, um den es im Text geht, steht am Ursprung des Christentums in weiten Teilen des heutigen Ruhrgebiets und Münsterlands. Sein Grab befindet sich in der von ihm gegründeten Abtei in Essen-Werden.

Liudger – was wir heute mit einem Heiligen anfangen können, der 1200 Jahre tot ist

Es regnet. Seit Tagen. Es ist dieser kalte, feine Regen, der bis zu den Knochen durchdringt. Müde schleppt sich das Pferd des Reiters durch den tiefen Matsch. Der Reiter, ein Mönch, dreht sich um zu seinen drei Gefährten, die aber nur kraftlos nach unten stieren. Der Mönch schaut wieder nach vorne, blickt den ausgetretenen Pfad entlang, der eine schmale Gasse bildet in dieser Welt von Gestrüpp und Bäumen, von Regen und Nebel. Er blickt nach oben, zu den Wolken, in der Hoffnung, dass es heller wird, dass der Regen aufhört, aber da oben ist es so dunkel und finster wie seit Tagen. Liudger blickt wieder nach hinten zu seinen Gefährten, zuckt mit den Achseln und reitet weiter.

Das war der Alltag eines Heiligen, des heiligen Liudger. Keine Wunderheilung, keine Massentaufe von gerade bekehrten Heiden, keine umjubelte Ansprache vor Menschen, die nach Gottes Wort dürsten. Sondern ein Marsch durch die Wildnis, bei einem Wetter, bei dem man keinen Hund vor die Tür treibt, in einer Gegend, bei der man nicht genau weiß, wann das nächste Dorf kommt und ob man dort eventuell erschlagen wird. Welche Bedeutung kann ein Heiliger 1200 Jahre nach seinem Tod noch haben? Was kann er uns heute, zu Beginn des 21.

Jahrhunderts sagen? Was könnte er beispielsweise einem Jugendlichen des Jahres 2009 sagen? In einer Gesellschaft, in der schon das Wort „heilig“ für Augenrollen sorgt?
Liudger war ein Heiliger. Damit geht das Problem schon los. Ein Heiliger war selbstverständlich jemand, der mit Gott sprechen konnte, der im Gebet ein großes Licht am Himmel sah, der Krüppel wieder gehen ließ und Blinde sehen machte. Und? Was habe ich heute davon? Achselzucken. Nichts. Das ist das Problem mit den Heiligen. Wir hören von irgendwelchen Wundern, nehmen sie zur Kenntnis ... aber was haben diese Dinge mit uns oder mit unserer Welt zu tun?! Heute im Jahre 2009?
Diese Schwierigkeit haben wir ja nicht nur bei Liudger oder einem anderen Heiligen. Wir hören aus der Bibel, dass Jesus Blinde geheilt hat, dass er Lahme gehen ließ, dass er als Wunderheiler durch die Dörfer zog. Das Problem ist das gleiche: in dem Augenblick, in dem die Botschaft Christi nur aus diesen Wundern besteht, müssen wir uns völlig zurecht fragen, was wir heute davon haben, dass vor 2000 Jahren ein Blinder wieder sehen konnte. Sei es Jesus, sei es Liudger oder irgendein anderer Heiliger: wenn wir das an ihnen entdecken wollen, was ihnen auch heute Bedeutung geben kann, was uns heute etwas Wichtiges für unser Leben sagen kann, dann müssen wir auf den Grund dieser Personen sehen, darauf, warum sie etwas getan haben, aus welchen Quellen sie Kraft geschöpft haben, was der Grund dafür ist, dass sie ihr Leben so und eben nicht anders gelebt haben. Warum ist Liudger durch diesen verregneten Wald geritten? Er stammte aus einem wohlhabenden Haus. Warum führte er nicht ein normales, ruhiges Leben als Adliger? Warum riskierte er stattdessen immer wieder sein Leben?

Die schnelle Antwort: der liebte Gott. Korrekt, aber oberflächlich. Ein bisschen tiefer muss schon gegraben werden. Man darf den Abstand von 1200 Jahren nicht unterschätzen. Diesen Abstand muss man aber überwinden, wenn man einen Menschen verstehen will, der vor so langer Zeit lebte.
Liudger lebte in einer Zeit, in der das Europa entstanden ist, das wir heute kennen. Das große römische Reich, das die Welt beherrscht hatte, war untergegangen. Aber es war in den Köpfen der Menschen noch sehr präsent. Es war das alte Reich, in dem es Kultur, Wohlstand und große Städte gegeben hatte. Dieses Reich war nun nicht mehr da, untergegangen in den Wirren der Völkerwanderung, die großen Städte waren verfallen, die Kultur zusammengebrochen. Auf den Trümmern dieses alten Reiches begann nun in Europa ein neues Reich zu entstehen. Dieses Reich wollte sein wie das römische Reich: ein Ort der Macht, der Kultur und Größe. Und dieses Reich war selbstverständlich christlich. Man kann

es sich heute nur noch schwer vorstellen: zivilisierte Kultur war nahezu gleichbedeutend mit dem Christentum. Im 6. Jahrhundert hatte Benedikt von Nursia seinen Mönchsorden gegründet. Und diese Mönche durchzogen nun Europa, errichteten Klöster, missionierten die Menschen und schufen eine Kultur, die aus dem alten Römischen bestand, aber auch aus etwas Neuem. Diese Mönche zogen in die Welt in dem Bewusstsein, dass nun eine neue Epoche beginnt, ein neues Zeitalter, ein christliches Zeitalter, eine neue Welt, die christlich ist.

Den Höhepunkt erreichte diese Entwicklung zur Zeit Liudgers. Karl der Große ließ sich Weihnachten 800 in Rom vom Papst zum Kaiser krönen. Der Anspruch war klar: ein neues, großes römisches Reich, gebaut auf dem Fundament des Christentums. Chaos und Niedergang sollten nun endlich der Vergangenheit angehören, ein neues Reich sollte entstehen. Das christliche Abendland war geboren. Die Welt, in der die Menschen lebten, sollte nun christlich sein. Und die Mönche gingen mit großem Einsatz daran, diese neue Welt zu bauen. Einer dieser Mönche war Liudger. Viele von ihnen bezahlten diesen Einsatz mit ihrem Leben. Aber sie lebten aus einer ungeheuren Aufbruchstimmung heraus, ein neues, christliches Universum zu schaffen, das Reich Gottes in dieser Welt aufzubauen.

Diese geistige Atmosphäre ist für uns heute nur noch schwer nachzuvollziehen. Wir leben im Bewusstsein, dass Religion und Staat bzw. Religion und Gesellschaft zu trennen sind, dass Religion eine ausschließlich persönliche Sache ist. Für die Menschen der damaligen Zeit galt das nicht. Sie lebten in einer Welt, in der Staat, Religion und Gesellschaft zusammen gehörten. Sie durchdrangen sich gegenseitig und waren nicht zu trennen. Das Wohlergehen der Gesellschaft hing damit auch von ihrer religiösen Kraft ab. Die Mönche, die wie Liudger durch Europa zogen, taten dies im Bewusstsein, eine neue christliche Gesellschaft zu schaffen. Die alten heidnischen Götter waren noch sehr präsent bei den Menschen. Aber sie konnten keine innere Sicherheit mehr bieten. Eine uralte Welt ging unter. Die alten heidnischen Religionen, die alten germanischen Königreiche, ja eine ganze Gesellschaft hatte ihren Halt verloren, äußerlich wie innerlich. Die Mönche, die das Christentum brachten, gaben neuen Halt, indem sie eine neue Welt brachten. Sie bauten nicht nur Kirchen, sondern sie schufen wirklich eine christliche Welt. Diese Welt bedeutete neue Sicherheit, einen neuen Zugang zu Bildung und Kultur und vor allem ein neues geistiges Fundament im christlichen Glauben. Die Antike war untergegangen, eine neue Zeit war endgültig angebrochen, und Liudger war mittendrin.

Blicken wir noch einmal auf Liudger, wie er auf seinem Pferd durch den verregneten Wald stapft. Er tut dies, weil er an diese neue Welt des Christentums glaubt. Er zieht durch die Wälder und Dörfer, weil er an diesem christlichen Universum mitbauen will. Er spürt, dass diese Welt arm und dunkel ist ohne das Christentum. Er will den Menschen das Christentum bringen, und mit dem Christentum den Anschluss an die Zivilisation, an die Kultur. Er will den alten Glanz Roms mit dem Glanz Christi neu erstrahlen lassen.

Diese Zeit ist lange her. Aber sie prägt uns und unsere Kultur bis heute. Und das stärker, als wir vielleicht unmittelbar spüren. Der jetzige Papst trägt den Namen Benedikt, um genau daran zu erinnern: unsere Kultur ist christlich. Benedikt von Nursia und seine Mönche hatten in Jahrhunderten das christliche Europa geschaffen, die Kultur geformt, die unsere Kultur ist. Und dieses Europa muss von neuem im Christentum seine innere Einheit finden. Das will der jetzige Papst mit dem Namen Benedikt deutlich machen.

Liudger hat aus dem Geist des Heiligen Benedikt heraus gelebt. Er hat an diesem christlichen Europa mitgebaut. Und damit kommen wir zu dem, was diesem Mann auch heute große Bedeutung verleiht. Keiner erwartet, dass wir heute auf einem Pferd durch irgendwelche Sümpfe waten, Wälder roden und Klöster bauen. Darum geht es nicht. Es geht um die Idee, die dieser Mann verfolgt hat, die Idee eines christlichen Abendlands, die Idee, dass das Christentum die Kraft hat, die Welt zu verändern, sie zu einer besseren Welt zu machen.

Dieses christliche Abendland in seiner damaligen Form ist spätestens mit der Reformation des 16. Jahrhunderts zusammengebrochen. Danach gab es kein Europa mehr, das im christlichen Glauben seine innere Einheit hatte. Diese Einheit wird sich auch heute nicht mehr herstellen lassen, aber der damalige Grundgedanke, dass das Christentum unauslöschlicher Bestandteil der Gesellschaft, ja der Welt überhaupt ist, der gilt auch heute.

Die heutige Gesellschaft verliert immer mehr ihre christliche Prägung. Dies mag für viele Leute keinen Verlust darstellen, aber diese Lücke geht an der Gesellschaft nicht spurlos vorüber. Da fehlt etwas. Und zwar so etwas wie eine geistige Grundlage, ein Fundament, auf dem die Gesellschaft aufbaut. Jede Gesellschaft braucht diese geistige Grundlage, wie ja auch jeder Mensch eine braucht. Das Fehlen einer solchen Grundlage ist nur schwer greifbar zu machen, aber man spürt es, immer wieder. Mit dem Verlust des Christlichen hat unsere Gesellschaft etwas verloren, was sie bisher nicht ersetzen konnte.

Dies wurde deutlich im Juli 2008. Barack Obama besuchte Berlin und hielt eine Rede. Es kamen 200.000 Menschen, zu einem großen Teil Jugendliche. Warum kamen die? Die kamen nicht nur, weil da eine tolle Show geboten wurde. Barack Obama hielt eine Rede, in der er von einer Welt sprach, in der es Gerechtigkeit und Frieden gibt. Das ist nicht sehr präzise. Und er wurde auch nicht viel präziser. Aber er sagt den Leuten, wohin diese Welt eigentlich gehen soll, wie eine Welt aussehen soll, für die er sich stark machen will. Und deshalb kamen die Menschen, weil sie von dieser Welt, oder besser: von dieser Vision einer Welt etwas hören wollten, von einer Grundbotschaft, davon, dass es ein Ziel gibt, für das man sich einsetzen soll. 200.000 Menschen sind an die Berliner Siegessäule zu Barack Obama geströmt, weil sie den Entwurf einer besseren Welt hören wollten, eine Vision, eine Grundlage, auf der sie ihr Leben gestalten können. 200.000 Menschen haben an diesem Sommertag in Berlin deutlich gemacht, dass es diese Sehnsucht nach einem Fundament gibt, auf dem man eine irgendwie bessere Welt aufbauen kann.

Nichts anderes ist Christentum. Nichts anderes tat ein Mann wie Liudger, nichts anderes tat Jesus. Dieser Jesus hat eine Welt entworfen, eine Welt mit Gott, das Reich Gottes! Und er hat den Menschen gesagt: Für dieses Reich müsst ihr euch einsetzen! Damit dieses Reich Gottes präsent wird! Ihr müsst an diesem Reich mitbauen und dann wird diese Welt neu sein!

Liudger zog durch die Dörfer und erzählte den Menschen auch von einer neuen Welt! Er sprach zu den Leuten und zeigte ihnen eine Welt, die den Menschen ein neues geistiges Fundament für ihr Leben gab, das sie brauchten, weil die alten Fundamente zerbrochen waren. Liudger hatte die Fähigkeit, den Menschen einen Blick für diese neue Welt zu eröffnen, den Menschen eine Vision zu vermitteln, an die sie glauben konnten.

Man muss nüchtern feststellen, dass genau diese Fähigkeit heute in der Kirche fehlt. Es gelingt der Kirche nicht mehr oder nur noch selten, den Menschen eine Vision zu vermitteln, den Menschen das Gefühl zu geben, dass der christliche Glaube die Welt und das eigene Leben zum Guten verändern kann. Dabei geht es erst einmal gar nicht um Konkretes, darum, wie genau das jetzt mit dem Glauben funktioniert und was man tun darf und was man lassen soll. Es geht um die Richtung, um das Ziel. Die 200.000 Menschen sind nicht zu Barack Obama gegangen, weil sie politische Rezepte hören wollten. Die gab es nicht. Aber es gab einen Entwurf einer besseren Welt. Der Mann sprach immer wieder von einer Welt, in der es Freiheit und Gerechtigkeit gibt. Jeder der Zuhörer wusste, dass diese Welt so nie Wirklichkeit werden wird. Aber darum ging es gar nicht. Es ging um das große Ziel, die Vision. 200.000 Menschen gingen zu Barack Obama, weil sie etwas über seine Vision hören wollten. 200.000 Menschen gingen zu ihm, weil die Kirche es nicht mehr schafft. Das klingt – aus Sicht der Kirche – sehr pessimistisch und schwarzmalerisch. Es ist ja auch nicht so, dass Kirche keinen Menschen mehr erreicht. Aber der Blick in die Sonntagsgottesdienste und spontane

Hochrechnungen für die Zukunft in 15 oder 30 Jahren sprechen eine erschreckend deutliche Sprache. Wenn eine 15jährige Jugendliche sich nicht traut, in der Schulklasse zuzugeben, dass sie in die Kirche geht und auch ein erwachsener Mensch sich gut überlegt, sein Engagement in Kirche an seiner Arbeitsstelle öffentlich zu machen, dann zeugt dies nicht nur von einer kleinen Krise der Kirche, sondern von einem großen Graben, der die Kirche von weiten Teilen der Gesellschaft trennt. Kirche und Gesellschaft scheinen in getrennten Welten zu leben. Damit scheinen sich beide Seiten abgefunden zu haben. Das ist ein Fehler. Ein Fehler der Gesellschaft, der ein wichtiges Fundament weggebrochen ist. Aber auch ein Fehler der Kirche, denn ihr eigenes Wesen ist eigentlich auf Verbreitung ihrer Botschaft angelegt. Aber um diese Botschaft, ihre Vision, verbreiten zu können, muss sie verstanden werden bzw. sich verständlich machen.

Liudger erwähnt in einer seiner Schriften hierzu eine sehr interessante Begebenheit aus dem Leben seines geistlichen Lehrers, des Abtes Gregor von Utrecht. Dieser Gregor war im Alter von 14 oder 15 Jahren zu Gast in einem Kloster in der Nähe von Trier. Er war schon früh für die kirchliche Laufbahn vorbereitet, bereits in diesem jungen Alter gut geschult in allem, was für einen Mönch wichtig sein sollte. Wie der Zufall es will, kommt ein gewisser Bonifatius zu Besuch, der „Apostel der Deutschen", der Missionar schlechthin. Man setzt sich zu Tisch und der junge Gregor wird beauftragt, während der Mahlzeit einen Abschnitt aus der Bibel vorzulesen, wie es damals üblich war, in lateinischer Sprache. Als Gregor diese Lesung beendet hatte, fand sein guter Vortrag allgemeine Anerkennung, sein Latein war vorzüglich. Auch der große Bonifatius lobt ihn. Dann fragt er aber den Gregor: „Du liest zwar gut, mein Sohn, aber verstehst du, was du da gelesen hast?" Gregor, gut ausgebildet, nickt eifrig und beginnt, mit lateinischen Worten den gelesenen Text zusammenzufassen und sinngemäß zu wiederholen. Bonifatius unterbricht ihn: „Mein Sohn, doch nicht so! Fasse das Gelesene zusammen, aber in deiner Muttersprache!"
Gregor saß in der Falle. Er konnte es nicht. Und verstand vielleicht zum ersten Mal, dass er bisher nichts verstanden hatte. Er konnte es nicht in seine eigene Sprache übersetzen. Er konnte Formeln auswendig lernen, aber sie nicht wirklich übersetzen, für sich nicht und damit auch nicht für andere.

Diese Begebenheit aus dem Leben seines Lehrers war auch für Liudger wichtig, sonst hätte er sie nicht berichtet. Liudger konnte als Missionar nur eine Chance haben, wenn er die Sprache der Menschen sprach, zu denen er gehen wollte. Er konnte die Menschen von seiner Vision

einer christlichen Welt nur überzeugen, wenn sie ihn verstehen konnten. Und daraus ergibt sich an Kirche heute eine Anfrage, die es in sich hat. Natürlich spricht die Kirche in unserem Land deutsch, aber spricht sie wirklich so, dass sie von den Menschen auch verstanden wird? Gelingt es ihr, ihre Botschaft in die heutige Zeit zu übersetzen?
Kirche muss wieder übersetzen. Sie braucht ihre Botschaft nicht neu zu erfinden (darf sie auch nicht!), aber sie muss ihre Botschaft neu übersetzen. Sie muss neue Worte finden, Worte, die nicht mehr erklärt werden müssen, Worte, die verstanden werden. Kirche hat ihre wesentliche Aufgabe darin, eine Verbindung zwischen den Menschen und Gott zu schaffen. Daraus ergibt sich ihre Verpflichtung, diesen Gott und seine Botschaft den Menschen nahe zu bringen. Und die Worte, mit denen Kirche dies tut, ändern sich, weil sich die Menschen ändern und weil sich auch die Bedeutung der Worte ändert. Kirche muss immer um diese Worte ringen, die Worte neu suchen, mit denen sie über Gott zu den Menschen spricht. Kirche muss diesen Gott immer neu übersetzen, muss den Ewigen und Zeitlosen in das zeitliche und veränderliche Wort bringen. Wer ist Kirche? Kirche ist erst einmal ein abstrakter Begriff. Der wird erst konkret in den Menschen, die Kirche ausmachen, in jedem Christen. Jeder Christ, vom Kommunionkatechet bis zum Papst, jeder, der an Gott glaubt und diesen Glauben weitergeben will, muss immer wieder übersetzen, immer wieder den Glauben in seine eigenen Worte gießen.

Liudger hat dies getan, er hat die Lektion seines Lehrers Gregor verstanden, er hat hinter die Worte geschaut, er hat den Gott gesehen, den diese Worte beschreiben, und er hat seine eigenen Worte gefunden. So war Liudger in der Lage, in der Sprache seiner Zeit den Menschen die Botschaft Gottes zu verkünden. Er war Übersetzer Gottes, wie es auch Kirche heute sein muss, wie es Christen heute sein müssen. Das Christentum verfügt über eine gigantische Botschaft und über eine gigantische Vision für die Zukunft der Menschheit. Es ist die Vision einer Welt, in der man spürt, dass Gott da ist. Es ist die Vision einer Welt, in der die Menschen einander achten, weil alle Menschen von Gott geschaffen sind. Es ist die Vision einer Welt, in der es Frieden und Gerechtigkeit gibt, weil Gottes Liebe diese Welt regieren soll. Diese Vision wird so nie Wirklichkeit werden. Diese Vision ist keine klare Anleitung, wie etwas geschehen soll. Aber diese Vision hat Sprengkraft. Weil vieles in der Welt nicht so läuft, wie es laufen müsste, weil Egoismus, Habgier und Gewalt in unserer Welt präsent sind. Das Christentum hat die Botschaft, mit der sie die Welt verändern kann, zum Guten verändern kann. Und das Christentum muss auch alles dafür tun, dass diese Botschaft verbreitet wird. Menschen wie Liudger erinnern die Kirche an ihren ureigensten Auftrag: die Verbreitung der

Frohen Botschaft, einer Botschaft, die immer neu übersetzt werden muss, die einer Gesellschaft das geben kann, was sie braucht: ein geistiges Fundament, auf dem sie aufbaut, eine Vision, auf die sie hinarbeitet.
Kirche darf sich nie zu sich selbst zurückziehen, darf nie mit einer gläubigen Minderheit zufrieden sein. Es wäre Selbstmord. Kirche ist und muss immer missionarisch sein, darauf angelegt, ihre Botschaft weiterzugeben. Liudger hat dieses Wesen der Kirche gelebt, er hat die Botschaft sich und den Menschen übersetzt und konnte so viele Menschen für die Sache Gottes gewinnen. Liudger sah seine Lebensaufgabe darin, eine christliche Welt zu schaffen. Er lebte in dem klaren Bewusstsein, dass es der Gesellschaft nur gut gehen kann, wenn sie christlich ist. Kirche macht heute oft den Eindruck, dass sie sich zurückziehen will. Kirche muss wieder den Eindruck machen, dass sie die Gesellschaft verändern will, dass sie die Botschaft hat, die das Beste ist, was der Gesellschaft passieren kann. Liudger ist damals mit diesem Anspruch an die Menschen herangetreten: Ich bringe euch die Botschaft, die euch ein neues Leben eröffnet. Und dieser Anspruch muss auch heute von Kirche deutlich werden. Davon wird die Zukunft der Kirche in Deutschland abhängen.

Eine besonders wichtige Rolle für die Zukunft der Kirche spielt die Jugend. Nicht nur aus einer rein biologischen Tatsache heraus, dass die Jugendlichen von heute die erwachsenen Christen von morgen sind. Sie sind – wie keine andere Gruppe der Gesellschaft – Gradmesser der Gesellschaft. An ihnen ist mehr als deutlich sichtbar, was in der Gesellschaft geht und was nicht geht. Und was in Zukunft gehen wird. Und Kirche geht bei den meisten Jugendlichen zurzeit überhaupt nicht. Dahinter steckt nicht eine angebliche Verwahrlosung der Jugend oder irgendeine Null-Bock-Haltung. Die Jugendlichen sind nur das deutlichste Zeichen einer Krise unserer Kirche in der Gesellschaft. Wenn Jugendliche nicht in die Kirche gehen, sich lautstark über den Gesang, die alte Sprache oder die Rückständigkeit von Kirche aufregen, so sprechen sie doch nur das lauter aus, was viele Erwachsene leiser denken.
Die meisten Jugendlichen leben in einer großen Distanz zur Kirche, ein Blick in den Sonntagsgottesdienst ist nur eins von vielen Anzeichen dafür. Aktuelle Milieustudien stellen fest, dass Kirche eigentlich nur noch bei 2-3 Milieus (von 10!) in der Jugend überhaupt eine Chance hat. Aber vielleicht liegt gerade in dieser großen Distanz eine ganz große Chance, für beide Seiten. Chancen bringen es mit sich, dass sie genutzt werden können, aber nicht müssen. Die Chance für die Kirche liegt darin, dass sie mit Blick auf die von ihr distanzierte Jugend erkennen kann, wo sie bei sich selbst ansetzen muss, wenn sie mit ihrer Botschaft auch in Zukunft Gehör finden will oder, um es mit den Worten Liudgers zu sagen: in welche

Richtung die Botschaft übersetzt werden muss. Für die Jugend liegt die Chance hingegen darin, das Christentum neu und grundlegend kennen zu lernen. Viele Jugendliche lernen das Christentum eben nicht mehr von den Eltern oder Großeltern kennen. Sie werden nicht mehr selbstverständlich in eine Welt hineingeboren, die christlich ist. Sie werden in einer Welt groß, in der das Christentum immer mehr zu einer Randerscheinung wird. Dadurch haben die Jugendlichen die Chance, Christentum als etwas Neues kennen zu lernen, und damit vielleicht sogar tiefer als viele Christen, die mit einer zu großen Selbstverständlichkeit Christ sind. So haben die Jugendlichen die Chance, die ursprüngliche Kraft der christlichen Botschaft kennen zu lernen und aus dieser Kraft heraus ihr Leben und vielleicht auch ihr Umfeld zu gestalten. Im Christentum liegt noch immer das Potential, Visionen zu entwickeln, Visionen für das eigene Leben und für die Gesellschaft. Gerade weil viele Jugendliche distanziert dem Christentum gegenüberstehen, haben sie die Chance, die Kraft dieser Botschaft zu entdecken, weil sie das Christentum für sich neu entdecken müssen. Die Jugendlichen lassen sich eben nicht mit theologischen Phrasen abspeisen, weil sie sie nicht gewöhnt sind. Wenn einem Jugendlichen gesagt wird: „Christus hat dich erlöst!“, dann wird der Jugendliche zurückfragen: „Was soll das denn heißen?!“ Diese Gegenfrage des Jugendlichen kann die ganz große Chance für beide Seiten sein, auch für die Kirche, die diese Erlösung immer neu erklären muss, die diese Gegenfrage in den vergangenen Jahrzehnten vielleicht zu selten gehört hat und deswegen glaubte, nicht mehr neu übersetzen zu müssen. Für Liudgers Lehrer Gregor – vielleicht auch für Liudger selber – war so eine Nachfrage die Initialzündung. So eine Nachfrage kann auch heute zünden, bei dem, der fragt und bei dem, der gefragt wird. Gerade in der Distanz, in der gegenseitigen Fremdheit von Kirche und Jugend, kann für beide Seiten eine große Chance stecken. Kann. Für die Kirche liegt hier die Chance, ihre Botschaft neu zu fassen, für die Jugend die Chance, eine Botschaft zu erfahren, die in ihrem Leben eine wichtige Rolle spielen kann.

Natürlich sind die Jugendlichen nicht die einzigen, die der Kirche mehrheitlich distanziert gegenüberstehen. Aber an ihnen wird das schärfer sichtbar, was für die gesamte Gesellschaft gilt: es gibt einen großen Graben. Solche Gräben kann man überbrücken. Eine solche Brücke hat Liudger damals gebaut.

Liudger lebte vor langer, langer Zeit. 1200 Jahre ist es her. Das ist nicht wenig. Seine Welt war eine andere als unsere heutige. Aber er lebte in einer Zeit, die der unsrigen heute in vielen Punkten verblüffend ähnlich ist. Damals wie heute gibt es eine Gesellschaft, in der das Christentum oft angefeindet wird. Damals wie heute hat die Gesellschaft ein altes geistiges

Fundament verloren und sucht nach einem neuen Fundament. Und damals wie heute kann das Christentum dieses neue Fundament bilden. Männer wie Liudger haben das christliche Abendland gebaut. Sie haben etwas Neues geschaffen, den Menschen damals die Botschaft eines Gottes gebracht, der die Menschen liebt und selbst Mensch geworden ist. Diese Botschaft hat die Menschen verändert. Und diese Botschaft kann auch heute Menschen verändern.

Das bis heute Faszinierendste an Liudger ist sicher die Tatsache, dass er etwas Neues gebaut hat, eine neue christliche Welt. Wir wissen nicht, aus welcher Motivation heraus er es getan hat. Vielleicht war es auch nur eine Art Pflichtbewusstsein gegenüber seinem Gott, das ihn durch die Wälder getrieben hat. Es war für ihn aber sicherlich auch der große Reiz des Neuen, die Faszination, selbst etwas gestalten zu können, eine Welt nicht nur hinzunehmen, sondern eben selbst zu bauen, eine Vision zu haben und sie zu verfolgen. Liudger jagte durch die Wälder Mitteleuropas, um diese Vision zu bauen. Und diese Vision brauchen wir auch heute, die Vision einer christlichen Welt, die neue Faszination an der Gestaltung unserer Welt.

Es kann heute nicht mehr darum gehen, dass die Kirche als Institution eine dominierende Rolle in der Gesellschaft einnimmt, wie es früher einmal war. Diese Zeit ist vorbei. Aber auch heute kann die christliche Botschaft unsere Gesellschaft verändern, die Botschaft eines die Menschen liebenden Gottes, die Botschaft einer Welt, in der die Menschen einander achten. Für diese Botschaft brauchen wir Menschen wie Liudger, die glaubwürdig diese Botschaft verkünden, die den Mut haben, Neues zu beginnen. Liudger ist zu den Menschen gegangen, weil er das sichere Gefühl hatte: die Botschaft, die ich verkünde, muss zu diesen Menschen hin! Die ganze Welt muss diese Botschaft hören! Ohne diese Botschaft ist unsere Welt leer und finster! Das gilt auch heute. Und das müssen wir Christen wieder deutlich machen: dass unsere Botschaft wichtig ist für die Welt, dass unsere Gesellschaft ohne Christentum leer und finster ist, dass diese Gesellschaft im Christentum ihr Fundament finden kann, auf dem sie aufbaut und nach dem sie sich gestaltet.

Was können wir von einem Heiligen wie Liudger heute, im Jahre 2009, lernen?

Liudger hat Blinde geheilt. Das können wir nicht. Ist auch egal. Aber wir können wie er an Gott glauben und seine Botschaft in unsere Zeit übersetzen, in unsere Sprache. Liudger hat Wunder getan. Das können wir nicht. Aber wir können wie er eine christliche Gesellschaft schaffen, der Gesellschaft eine neue geistige Grundlage geben.

Warum ritt Liudger durch den verregneten Wald? Die schnelle Antwort: der liebte Gott. Und das geht auch heute. Aus Liebe zu Gott heraus die Welt aus den Angeln zu heben. Auch wenn es regnet. Aus dem Glauben an Gott heraus an unserer Gesellschaft mitbauen. Auch wenn es Gegenwind gibt.

Ein letztes Mal blenden wir zurück zu Liudger und seinen Gefährten. Der Regen hat endlich aufgehört, die Sonne dringt durch die nassen Baumkronen. Vor ihnen, unten am Fluss, taucht eine Lichtung mit ein paar armseligen Häusern auf. Rauch steigt aus den Dächern auf, aus der Ferne sind Stimmen zu hören. Sie reiten näher, an den Häusern tauchen ein paar Gestalten auf, die neugierig hinüberschauen. Liudger blickt fragend zu seinen Gefährten. Einer von ihnen brummt: „Laut Karte müsste das Werethinum sein." „Werethinum?" Liudger reitet weiter, sieht sich um, während sein Pferd auf das Dorf zutrottet. Er schaut intensiv auf die Häuser, die Bäume ringsum, den Fluss. Seine Augen scheinen diese Gegend aufsaugen zu wollen. Kurz vor dem Dorf hält er sein Pferd an. „Brüder, hier will ich eine Kirche bauen! Mit einem Kloster! Eine große Kirche mit einem großen Kloster!" Die anderen schauen verdutzt zu Liudger, blicken dann in das dichte Gestrüpp ringsherum, auf die armseligen Hütten am Fluss vor ihnen. Einer der Mönche blickt misstrauisch zu Liudger. „Hier?!" „Ja, hier!" verkündet Liudger in einem Ton, der nicht den geringsten Zweifel verrät. Und treibt sein Pferd auf die Leute im Dorf zu.

Heute erhebt sich an dieser Stelle die Basilika in Werden, in der Liudger begraben ist. Diese Basilika ist sein Denkmal, ein Zeichen, dass dieser Mann etwas geschaffen hat, was auch nach 1200 Jahren Bestand hat. Er hat etwas gebaut. Weil er Mut hatte und weil er etwas bauen wollte. Und das können wir als Christen im Jahre 2009 von diesem Mann lernen: den Mut, etwas zu bauen, eine christliche Welt.

Printed by Books on Demand GmbH, Norderstedt / Germany